樂府

·

心里滿了，就从口中溢出

孩子们被隐藏的智慧

[日] 川手鹰彦 著　杨彩虹 译

序 文

中村雄二郎

我与本书作者川手鹰彦先生的初次相遇是在一九八九年十二月初。当时，我结束了在斯特拉斯堡大学的两场讲演，只身前往离那儿不远的瑞士巴塞尔郊外的小城多尔纳赫，去拜访已故科学家汉斯·詹尼的夫人。

汉斯·詹尼因其著作《波动学》闻名于世。我得知此书，是在阅读勒内·于热的巨著《形与力——从原子到伦勃朗》（1971年）之后。那时，我正在思考“泛节奏论”，而《波动学》似乎有能给我的论点提供重要理论支撑的内容。因此，我临时增加了去多尔纳赫的行程。

来多尔纳赫火车站接我，送我去詹尼家的，正是川手先生。通过沿途的闲聊，我得知他在当地的综合学艺中心——歌德纪念馆从事戏剧相关的工作。他的言行举止让我立刻觉察到，他极具个性，并且其才华不仅仅局限于戏剧领域。

不过，当时我们没能进行更深入的交流。直到一九九一年初，我才发现其实他更是一位卓越的言语疗法专家。这次，我作为客座教授受邀来到斯特拉斯堡大学，川手先生来到我住宿的酒店相见。后来，我们又见过几次面，他详细讲述了他在德国教育机构开展的各项工作。回国后，我拜读了他的日语文稿——《布里斯托尔弗来信》，阅后，我对他肃然起敬。这不仅因为他长期生活在德语文化圈，对德国文化了如指掌，更因为他那行云流水般优美的日语文章和对事物敏锐的洞察力。恰好当时我在岩波书店发行的学术期刊《赫尔墨斯》担任编辑，于是将川手先生的《布里斯托尔弗来信》拿到社里，刊登发表。

那之后，在与他的交往中，我屡屡被震惊。原因之一是他对印度尼西亚巴厘岛的印度文化之痴迷程度，据说，他对此产生兴趣，始于我写的《魔女兰达考——何为戏剧之智慧》。读了此书后不久，他前往巴厘岛，不仅学习当地的戏剧、皮影戏等传统艺术，还学习语言，进行专业身体训练，而且正式拜僧侣为师学习宗教，甚至剃度出家。在日本，对巴厘文化倾注热情的，无论是在人类学研究领域，还是在戏剧界，都不乏其人，但如此全身心投入的寥若晨星。一九九八年八月，他再次前往巴厘岛。

近几年，川手先生将生活和工作的重心转移到日本，在他的工作室“蓝山”，脚踏实地致力于言语疗法与治疗教育（特殊教育）的研究与实践，并取得了显著成果。其特征不同于各种讨巧的新式技法，而是以众所周知的欧洲和日本的古典诗歌、文学故事为素材，通过恢复、激活作为艺术、文化之根源生生不息的生命韵律，来唤醒孩子们潜藏的智慧。为了将来的更大发展，川手先生将在其“灵魂故乡”——德国治疗教育机构阿里尔德之家开展工作的经验及创新思想总结成书，这就是即将出版的这部《孩子们被隐藏的智慧》。

现在，在日本，“护理”“治愈”成为全社会广泛关注的话题，有很多人挺身加入其中，并从中感受到生存的意义。这是非常好的事情。但是，因尚未得到广大民众的支持，一般来讲，“护理”“治愈”大多只在口头上讨论得热火朝天，而没能扎根于生活，取得明显成效。从这一点上来说，本书介绍的阿里尔德之家的孩子们的生活，以及对他们进行护理和治疗的专业人员开展的各项工作，无一不令人惊叹。通过这些，可以感受到他们面对问题、解决问题的真挚与热忱。在这里，没有漂亮的体面话和空洞的口号，也没有定型化的按部就班的治疗，有的只是人与人之间真实的碰撞、沟通与包容。

在阿里尔德之家，川手先生身体力行，投入治疗工作，许多观点与我不谋而合。在此列举一二。

其一，重视调整孩子们紊乱的节奏。例如，在班级里，重视“叙事诗合唱”。用歌德、席勒那些极富戏剧性的叙事诗情节，培养孩子们丰富的想象力，用诗情浇灌孩子们娇嫩的心田。并且，那些准确的韵律形式可以积极作用于孩子们的身体，培养其健康的身心。“对这些孩子来说，没有什么比准确的节奏、有节奏的艺术、有节奏的生活更富滋养。”

其二，看重呼吸的意义。书中说，孩子们的“浅呼吸、不规则的呼吸，既不是他们有意去做的，也不是无法纠正的”。更确切地说，是“易受伤的心灵以此来寻求关爱和保护”。我们平时“几乎无意识地不停呼吸”，所以“忘记了呼吸的可贵与重要”。其实，“正是呼吸，构成了人类生存的基础”。

其三，格外重视“语言”，尤其是辅音对现实感觉的作用。这是因为“语言是四大元素（地、水、火、风）与现实世界的中间媒介”。“辅音，按其发音性质，可以归类于地、水、火、风”，“然而发出辅音，要靠人自身的强大力量”。因此，要“在课堂上，努力让孩子们尽可能清晰地发出辅音，并使课堂时间充满欢乐”，“努力让他们认识到辅音的现实意义”。

也许按日本社会的常理来看有些异常，我不知道川手先生为何长期定居瑞士，也不知道他在日本、欧洲的学历怎样，甚至不知道他确切的年龄，但这些都不重要。从他的文章中，我感受到他的独特魅力和强大能量。因此，我认为此书可谓言语疗法和治疗教育的权威之作，倾情推荐给各位读者。

目 录

第 一 章

布里斯托尔弗来信

即使一种力量能够控制另一种力量，
它也不能创造这种力量。
完善自身的力量，只蕴藏在各自的内在品质中。

——歌德《威廉·麦斯特的学习时代》

第一节　与阿里尔德之家的重逢

复活节过后大约十天，在一个临近黄昏的下午，时隔五年，我再次来到被树林、小溪和麦田包围的美丽乐园。学校还在放假，四处寂静无声。来迎接我的同事都是熟悉的老面孔，我们久别重逢的问候也同样平静而温暖。

放下行李，还没顾得上打开，我便迫不及待地去校园里散步了。那些熟悉的建筑都被冠以凯尔特神话中诸神的名称或者北欧的地名，让人切切实实地感觉到：啊，我真的来到了北欧！这里是布里斯托尔弗，位于因汉萨同盟而闻名的吕贝克市南部郊外的小村庄。波罗的海近在咫尺，丹麦也似乎触手可及。从波西米亚高原顺势而下的易北河滋润着北德平原，从中分流出的易北一吕贝克运河与特拉沃河汇合，一起流入吕贝克湾。而村庄就在这个河口附近。隶属于石勒苏益格-荷尔斯泰因州的这一地区，风光明媚，土壤肥沃，农业、畜牧业发达，闻名遐迩的黑白花乳牛“荷尔斯泰因种”[1]就因此得名。

这里有丰富的自然资源，四周遍布山毛榉、栗子树等种类繁多的树木，林中不时传来鸟儿婉转的歌声。到达后的前三天，因为尚未开学，有些空闲时间，加上尚有复活节的余欢，天气也出奇的好，我尽情享受了林中漫步的乐趣。这里景色秀美，与我曾经生活过的瑞士侏罗山脉地区那布满石灰岩、冷杉树的大自然风格迥异。

可是，从孩子们返校那天起，天气突然开始变化。温暖的初夏一下子又变回到严冬。“四月天，孩子脸，说变就变”（April，der macht was er will），就像这句谚语说的，德国四月的天气反复无常。这里因为离海近，变化也格外强烈。刚一起风，太阳就倏地躲进云层，一会儿工夫，夹杂着冰雹雪片的大风呼啸而来。而一阵暴风雪过后，转眼间又是令人难以置信的万里晴

1　也称“荷尔斯坦因种”或“荷斯坦牛”。

空，太阳闪着耀眼的光芒，刚才那个银色的雪世界好像梦幻一般。对于我这样喜欢新奇事物的人来说，这样的天气倒是蛮有趣。云层快速涌动，像白雪瞬间堆积，又很快消融，而在这间隙，太阳公公不时露一下笑脸，鸟儿也在欢唱，时间好像被按了快进键。

四月十五日，孩子们回来了，和家人一起度过了三个月的悠闲假期，现在回到学校又要开始集体生活。

“川手老师您好。”孩子们不断跟我打着招呼。每一次都让我怀疑自己的眼睛。五年前就已经在这里上学的孩子有几个至今还在，他们长大得我都快认不出了。例如霍尔斯特，他是脑积水患儿，以前几乎不会说话，下午的一对一课程我从没强迫过他发声，而是给他讲许多优秀童话作品，让他能接触到大量艺术语言。现在他已经长成16岁的高大少年，语言交流也完全没有问题。在他所属的小组里，他负责照看山羊，每天早晚打扫羊圈，给山羊喂食，勤勤恳恳，尽职尽责。

看到他的成长，我不禁感慨万千。阿里尔德之家果然名不虚传，接下来的三个月，我也一定能学到很多东西，不远万里来到这儿，真是不虚此行啊。

这个机构的原则是：心灵需要保护的孩子，也就是有缺陷的孩子，只要能适应集体生活，能来上学都可以无条件接收。因出生时的突发状况而造成身体缺陷、学习能力欠缺的孩子，或是唐氏综合征、自闭症、癫痫患儿，又或是与家人和外界都无法友好相处的孩子，甚至还有所谓的流氓少年、盗窃成性的孩子、情绪不稳定的孩子，等等，都可以收留。这个机构的目标是：到这些孩子成年为止，通过宽松的治疗和教育，帮助他们以某种方式立足社会，自食其力。机构已经以其不可否认的卓越成绩赢得政府和民间的多方信任，以汉堡、柏林为中心，很多孩子被送到这里。

请允许我再赞扬一下阿里尔德之家。

假期结束，重返校园的孩子们脸上看不到一丝愁容。说实话，我本以为，又要离开父母在学校度过三个月了，一定会有想家哭闹的孩子吧。但是，不仅没有人哭，反而大家都因为与伙伴重逢而喜笑颜开。听说幼儿中偶尔有孩子会哭，但那也只是在开学当天。这些都归功于机构工作者无微不至的关爱。这里有七十名孩童，工作人员的人数与之相当甚至更多。他们在生活的各个方面细致入微地关心每一个孩子，团结协作又分工明确。

我刚才写到“心灵需要保护的孩子……”，其实，保护孩子心灵，正是阿里尔德之家存在的重大意义。七十名员工全身心投入，努力护持这些孩子的心灵。

迪特里克从我上次来这的时候起，就是个很难教的孩子。他纯粹的内心无论如何也无法与外界相交融，常常令我和其他老师束手无策。夜晚就寝后，我曾去探视过他，即使在睡梦中他也不停地翻身，可见他的痛苦昼夜无别。现在，他已经长成一个强壮有力的大小伙子，如果和我比赛掰腕子，他一定能轻松取胜。他还记得和我交流的那些日子，把他珍藏的我俩的合影拿给我看。

还有奥利弗，他的个头已经高得要撞到门框了，前几天读叙事诗给他听，他用蜡笔画了帆船送给我，表达谢意。

他们的内心是如此纯真、娇嫩，可是这种状态却被世人说成是智力发育缓慢、智力低下，也就是说，纯净无瑕、不对人设防，则被世俗当作“迟缓”来对待。所

图1　奥利弗画的帆船

以说，如果将他们一把推进俗世，究竟会怎样？我脑海中所能浮现出的词语是：少年犯、毒品、欺凌、极度的自闭……

因此，我们这些治疗教育者的重要职责是，从他们学龄期开始到青春期结束为止，这个心灵最易受伤害的时期，把他们藏匿在这个有着丰富自然和艺术氛围的环境中，直到他们长成沉着冷静的成年人。在缓慢流淌的时间里，通过大量的音乐、诗歌、节庆活动以及与周围大自然的深入交流（如观察花鸟鱼虫、徒步旅行、帆船航行等），来保护他们心灵的自由和娇嫩，构筑能成为其心灵滋养的环境基础。在这期间，工作人员根据每个孩子的个性特点和所处的成长阶段，用心设计适合他们的课题。

马克和阿明马上就要20岁了，这学期结束后将回到他们各自的家乡。马克在晨会时将要表演独唱，阿明的职责是守护在礼堂门口，防止大家蜂拥而入造成挤压踩踏。通过完成这次课题，他们可以增强自信心，为今后步入社会做准备。

第二节　言语治疗教育

在机构中，我每天的工作大致如表1所示。关于机构整体的情况，参见后述的“补遗”（105页）。下面针对其中的两大主干课程——班级巡讲课和一对一课程加以详述。

表1

9:00	晨会
9:30～12:15	班级巡讲课
15:00～17:15	一对一课程
晚上和课间	●教师培训 ●在社会治疗机构“三宝·荷夫”和“伊马特拉”上课 ●同事间探讨 ●练习

1. 班级巡讲课

晨会结束，估计孩子们都已回到自己教室坐好后，我会用一上午的时间去两三个班巡讲。班主任和孩子们都已经准备好了，我进入教室后先带他们做简单的发声练习，然后根据各班的年龄和状态，采用史诗、叙事诗、童话、戏剧等素材授课。

I 合唱叙事诗[1]

虽然叫合唱，但其实并不是唱歌，而是大家齐声朗诵[2]。用歌德、席勒那些极富戏剧性的叙事诗情节，培养孩子们丰富的想象力，用诗情浇灌孩子们娇嫩的心田。

1　在德国文学中，最早是赫尔德把民间传说改编成通俗易懂的叙事诗，以此为开端，歌德、席勒、乌兰德、迈耶等古典派和浪漫派诗人，均创作了大量叙事诗（Balladen）。这些诗作大多取材于古代到中世纪的神话、英雄传记、精灵故事、王侯贵族兴亡史、骑士传记等，以其严格的韵律形式和高格调的剧情解说，成为近代德国文艺宝库中的珍品。

2　合唱一词的词源为 choros，原本是指在希腊悲剧中，与剧中人物相对的剧情解说人团队，他们围着圆形舞台站成一个半圆，高声解说不断变化的剧情。

图2　魏玛，德国国家大剧院门前的歌德和席勒塑像

并且，那些准确的韵律形式可以积极作用于孩子们的身体，培养其健康的心魄。对这些孩子们来说，没有什么比准确的节奏、有节奏的艺术、有节奏的生活更富滋养。

Ⅱ童话的表达

童话对低年级的孩子来说非常重要。它能把大自然和人类社会的真理，用美好的艺术形象[1]展现出来，很容易被孩子接受。

Ⅲ史诗

古代史诗依据它所诞生的土壤而有着不同的作用。希腊史诗《伊利亚特》《奥德赛》促成肉体与情感的完美协调，而北欧史诗《老爱达经》则可唤醒孩子内心的坚强意志。

1　德语中的 Bild。童话中出现的人物、动物、风景等，通过想象所产生的心像、形象。

Ⅳ戏剧

通过索福克勒斯、莎士比亚等的优秀剧作，成长中的心灵可以感受到远超人类能力的命运神力的存在，并且通过悲剧性结局，体验珍贵的净化与升华过程。

接下来，借此机会，介绍一下这里的授课方式。

课程内容全权交给教师发挥各自的专长自由安排。因为这些孩子不同于普通学校的孩子，所以课程内容可以自由组织。另一方面，因为没有可以参考的教学策略、教学方法，所以课堂上只能随机应变。在这里，能把黑板上的字准确抄写在笔记本上的孩子很少。有的孩子极度缺乏专注力。因此，老师必须时刻关注每一个孩子，根据他们的状态，随时做出判断：哪些他们能做到，哪些是现在必须让他们去做的。有时需要对他们施以援手，有时只能耐心等待。

但是，可以说是对这种艰辛的补偿吧，有这样学生的老师，会得到上天无与伦比的赏赐。

首先，孩子们无论学什么都会全身心地表达出他们的感谢之情。无论是对大自然还是对艺术作品，他们对新鲜事物的好奇以及对伟大事物的敬畏无限大，那种喜悦和感恩即使没立刻表达为语言，也能通过他们闪亮的目光、身体的活动和欢呼声传递给我们。因此，教师作为表现者站在他们面前时，那种油然而生的成就感和感动远非其他所能及。当他们全神贯注地边投木棒边做发声练习时，当他们如痴如醉地听着席勒、歌德的叙事诗时，他们那专注的神情胜过所有酬谢和赞美，是给予我们这些教师最好的精神养分。

其次，因为他们互相帮助的样子能让我们反省自己。他们相互弥补彼此的缺陷，形成一个完美的合奏。这时，我早已无法把他们的特殊性看成缺点或残疾。倒不如说，随着现代文明的不断发展，人与人之间的坦诚相待几乎消失殆尽，是这些孩子让我们重新认识到人际交往的重要，他们可谓是“人类的教师”。

2. 下午的一对一课程

做好这一时间段的工作，是我在这个机构的最大课题。每天下午从三点到五点多，有六个孩子来我这儿。每人每次二十分钟，每周两次（特殊情况下每天都有），接受我的语言治疗。在这二十分钟里，我会想方设法构建起一个他们和我之间的非日常的共有空间，在这一特殊状况下进行高密度的对话。先把他们的潜能激发出来，形成既定事实，让他们自己确认这一事实，由此帮助他们树立自信。例如，假设有个不会发k音的孩子，其实这种孩子通常明明会发这个音，但因为体内有某种力量在阻止k音，所以才发不出来。也有些是身体已经彻底习惯了不发 k 音的状态。如果仔细观察一下发 k 音时喉头的动作就可以知道，肌肉要经过“放松→极度紧张→突然放松”这样一个过程才可以发出，因此从某种意义上来说，它是个需要强大意志力才能发出的辅音。不会发、发不出这个音的孩子，在生活中的其他事情上也无法完成这种有意识行为的过程。相反，如果一个孩子通过语言练习逐渐变得能完成这种有意识的行为——能发出k音，这必将有助于其生活中其他有意识行为的实现。

我虽然单独讲了k音，但并不是只让孩子发这一个音。有时用包含很多k音的词语或文章让他们做发音练习，有时练习朗读使用大量爆破音（k、t、d、g等）的诗歌。

此外，发音的同时，进行投接球或投接木棒的练习非常重要。

有的孩子极度反感与别人接触，相反有的孩子无法正确把握与他人的距离，无论跟谁都喜欢依偎在人家身上。互相投掷木棒，或边投边练习发音，对他们学习人与人之间合理的位置关系非常有效。木棒诚实得很，如果没确定好目标并谨慎且果断地投出，是无法到达目标的。而接的人，也需要仔细观察投掷者的动作，注意木棒的轨迹才能准确接住。还有，如果长长的木棒在毫无准备的情况下飞来，就有可能伤及对方身体（这一点治疗者必须注意），或是落在地上发出很大的响声。可以认为木棒是把发声的根源——想说、想表达的冲动——具体化、形象化的东西，因此，这种练习可以让孩子们用直观的方式，客观地意识到自身语言的不确切性。

在一对一课程中还有一个应该考虑的重点是呼吸。浅呼吸、不规则的呼吸，既不是他们有意去做的，也不是无法纠正的，而是易受伤的心灵以此来寻求关爱和保护。向上伸展双臂，高举过头顶，深吸一口气，然后像鸟或蝴蝶展翅一般缓缓放下，同时充分呼气。就像这样，只是做个深呼吸，心情都会平静很多。呼吸远比我们想象的重要。三天不吃饭我们尚可勉强忍受，但要是屏住呼吸，恐怕最多也只能坚持几分钟吧。我们平时几乎无意识地不停呼吸，所以忘记了呼吸的可贵与重要。其实，正是呼吸，构成了人类生存的基础。在对孩子们进行教育治疗活动时，我们应该重新认识到这一点，并加以运用。

把上述一对一课程中言语治疗的基本观点重新归纳如下：

（1）观察呼吸状态→指导他们做深呼吸。

（2）通过投接木棒练习，观察他们待人接物的特点→指导他们逐渐投得又远又准。

（3）观察辅音、元音的发音状况，发现与之相应的内在原因→帮他们发出以前不能发的音，由此对生活其他方面产生积极影响。

综上所述，我所从事的言语治疗的“言语”，指的是包括呼吸和行为等广义上的语言，同时它也意味着人类所应有的状态。

第三节　节庆、例行活动、郊游

我们每个人都生活在各种各样的节奏中，首先是身体方面的呼吸、脉搏，还有外界的昼夜交替，星期、月份的变换，一年四季的轮回。这当中，无论哪一个欠缺都会让人感觉不适，甚至生病。

每分钟大约十八次的呼吸和七十二次的脉搏是维持我们生命的重要基础。对于呼吸和脉搏，我们平时几乎毫不在意，但当你突然感觉心悸、气短时，方知身体的异常。还有，我们通过夜晚充足的睡眠来消除疲劳。哪怕有一天没睡好，第二天一整天都会感觉浑身乏力。一周又一周，一个月又一个月，一年又一年，这种有规律的生活非常重要。周末休息，然后新的一周开始，这使我们的生活张弛有度。此外，各种节庆活动原本产生于自古以来当地的自然和信仰，它通知人们季节的变换，唤醒人们的时间段落感和新起点的感觉。

如上所述，各个方面的有节奏的生活，对这个机构的孩子们来说尤其重要。每天早晨神清气爽地醒来，和伙伴们一起享用早餐，参加晨会……放学后又回到伙伴中间，悠闲地享受晚餐，然后唱唱歌，做做祷告，放松心情上床休息。这样日复一日有规律的生活会作用于孩子们的意志，培养他们强大的自我。另外，每年定期举行的节日庆典和各种例行活动，与孩子们的成长密切相关。他们的身体随着季节的变化而变化，日复一日，年复一年，渐渐长大。在这个绝妙的成长过程中，节日庆典会对孩子们产生深远而积极的影响。为此，机构工作者对每一次活动都深思熟虑，精心设计，使之成为孩子们生命中美好快乐的回忆。

“一切都必须有节奏，一切都必须被造型。”

在这一口号的感召下，工作人员以创作艺术作品般的虔诚，设计每个季节的庆祝活动。春天的复活节、夏天的圣约翰节、秋天的圣米迦勒节、冬天的圣诞节，除了这四大节日以外，中间作为衔接，还有许多规模虽小却同样重要的庆典活动。

1. 五月节

除了上述发源于基督教文化的节日外，在阿里尔德之家，还以独特的方式庆祝更古老文化传承的节日。其中之一是五月节。这一节日起源于古代凯尔特文化，是为了赞美、欢庆春回大地、树木和精灵们复苏的庆典。节日的前一天（四月三十日），孩子们在各自小组的厨房烤制名为蝴蝶卷饼的特殊形状的小面包，用绳系在刚长出嫩叶的树枝上，同时挂上各色彩带，在五月一日聚集到“鲁格[1]之家”的大厅里。树枝有长有短，卷饼的大小和数量也各不相同。大厅正中间，立着这个季节最鲜绿的小白桦树的树干——五月树，最上面顶着用长满嫩叶的细树枝编成的“华冠”。“华冠”的周围垂下一条条宽宽的彩带。伴随着应季的歌曲旋律，孩子们闪亮登场，环绕着中间的五月树行进，时而抓起彩带，时而离开树翩翩起舞。

1 鲁格（Lugh），凯尔特神话中的太阳和光之神。

图3　蝴蝶卷饼　　　图4　五月树

五月节的庆祝活动早上一个小时就结束了，但是孩子们一整年都不会忘记。因为这是大家付出了很多智慧、努力，精心准备、造型而成的，充满了平和而丰盈的喜悦。

2. 帆船航行

阿里尔德之家的帆船航行活动将迎来十五周年。虽然只有年龄最大的孩子才能参加，但所有人都参与准备，目送他们出发，牵挂着远去帆船的安危。当他们被晒得黝黑，变得更坚强地凯旋时，大家都怀着敬仰和羡慕的心情去迎接。帆船从波罗的海德国沿岸的卡伯尔恩出发，穿过瑞典的群岛，历时一周，是真正的扬帆远航。船长有着长年指导年轻人驾驶帆船的丰富经验，同去的机构工作人员也有驾驶帆船的经历。虽然有他们的陪伴，但阿里尔德之家的孩子们毕竟比普通少年成长慢一些，对他们来说，这是一次大冒险，是对自己的挑战。最令我惊叹的，是决定把这项活动纳入机构教育体系中的前任校长的胆识，以及每年圆满完成任务的工作人员的努力和执行力。

据说孩子们乘船之前也曾流露出不安的神色，但一出发就像变了个人一样。面对波澜壮阔的大海，他们内在的自我被激发出熠熠光彩，显现出平时难以想象的理解力和行动力。另一方面，他们本来就有很强的信任别人的能力，对船长和机构工作者的准确指令能忠实地服从，安全航海因此得以实现。

前几天，第一组成员顺利返航，第二组紧接着出发了。低年级的孩子们就好像自己也参加了一样入迷地听着大孩子们讲旅途的见闻。稍大一些的孩子们想象着明年、后年也许就轮到自己了，心里兴奋得不得了。这段时间，晨会上也会唱与帆船有关的歌曲，朗诵相关的诗歌，在广场、校园里，四处都能听到有人在哼唱。

两叶帆

两叶帆闪耀在湛蓝的海面
顺风满帆并肩向前
一帆乘风破浪
一帆意志昂扬
一帆浩荡前行
一帆急速跟上
一帆停船靠岸
一帆休整待航

——康拉德·费迪南德·迈耶[1]

1　康拉德·费迪南德·迈耶（Conrad Ferdinand Meyer，1825—1898），瑞士诗人，热爱阿尔卑斯山，时常漫步山林，歌颂瑞士的美丽自然。同时，在叙事诗创作方面也独树一帜。

3. 蝴蝶园

前几天，我和“森林之家”的孩子们一起去了蝴蝶园。我们装上三明治和水，驾驶两辆小巴出发。一日游、郊游有很多种选择，或是徒步去附近的树林，或是去看中世纪的街景，或是骑自行车远行，有时也开小巴去，但像这次全组成员集体出动的情况比较少。孩子们都很期待。

蝴蝶园是一个温室，里面放养着来自世界各地的各种鳞翅目昆虫（蝴蝶或蛾）。其中还有体形硕大、颜色鲜艳的东南亚热带品种，令孩子们惊奇不已。

无论在东方还是西方，蝴蝶自古以来就被看作人类灵魂的象征，而这些孩子看到蝴蝶时的表情，尤其能让人感受到这一点。看到这美丽又不可思议的精灵时，他们眼中满是惊奇和喜悦，不仅如此，眼前的蝴蝶仿佛映射出他们内心深处那不可替代的灵魂本质，让他们相信：有一天自己也能自由飞翔，目光中充满憧憬与渴望。

其中尤其吸引孩子们注意的，是产自东南亚的一只蚕蛾，拉丁文名 Attacus Atlas 。它身长二十五厘米，比成年人的手掌还要大，色彩鲜艳，静静地停在青翠欲滴的嫩叶上，身姿充满神秘，仿佛自遥远的彼岸穿越千山万水飞来，此刻正在悠闲地小憩。更令人吃惊的是，这种生物竟然没有摄取营养的器官（也就是说，它没有嘴）。据说是靠幼虫时期积蓄的营养，来维持成年后的一生（七天）所需。停在高高的树梢上为我们唱响夏日赞歌的蝉，夏夜水边树林中闪烁着魔幻光彩的萤火虫，还有花间翩翩起舞的蝴蝶，这些美丽又各有所长的昆虫，以其短暂的生命、微小的食量，自古以来，被诗人和艺术家们看作超凡脱俗的理想形象。此刻，我正亲眼目睹这南国女王的极致美态。郊游回来后很长一段时间，孩子们时常谈论起蝴蝶园的话题，我也给他们读了咏蝶的俳句。

散る花に軽さあらそふ胡蝶かな　春海[1]

1　谁与落花试比轻，唯有蝴蝶立青萍——春海

落花枝にかえると見れば胡蝶かな　守武[1]

釣鐘にとまりてねむる胡蝶かな　蕪村[2]

寝るうちも遊ぶ夢をや草の蝶　護物[3]

萨比娜前几天刚满18岁，她在一对一课程中练习的咏蝶诗和前述的《两叶帆》同为康拉德·费迪南德·迈耶的作品。萨比娜有着丰富的感情，但她的意志却不能如自己所愿，这一点也影响到她的发音器官，她必须非常努力，才能发出德语中特有的清晰而强烈的辅音和元音。迈耶的作品像阿尔卑斯的崇山峻岭一样，强烈的辅音接二连三，比如这首：

小灵魂

躺在阿尔卑斯山的牧草地

凝望无比美丽的蓝天。

1　疑是落花复飞还，却见彩蝶舞翩翩——守武

2　日暮苍山远，彩蝶钟上眠——芜村

3　萋萋野草间，蝴蝶梦中游——护物

忽然一丝触动掠过我的胸膛。
侧头一看，一只蝴蝶
停在我灰色的登山衣上。
那是我的小灵魂，
展开双翅，震颤身体，
眼看就要飞翔。
是翅膀给灵魂涂上了颜色，
闪着纯白的光泽，红色是生命的纹络。

——康拉德·费迪南德·迈耶

上面这首诗内容上与她的内心非常贴合，形式上能够弥补她的不足，实在是再合适不过了。即使是这样的短诗，要从头到尾正确地读下来，对她来说也并非易事。萨比娜今年刚经历了帆船航行，回来后一直沉浸在充实感中，干劲十足。如果在夏天到来之前，能给大家朗诵这首诗就好了。[1]

1　关于萨比娜和其他孩子的一对一课程，在本章第四节详述。

4. 圣灵降临节和家长研讨会

在给大家写这封信的时候，不知不觉间五月已经过半。苹果树盛开美丽的花朵，绿油油的麦田一望无际，远方能看到棕色小鹿轻盈跃过的身影。兔子也不甘示弱地蹦蹦跳跳。牧场里，黑白花奶牛悠闲地侧卧着，金龟子、蜜蜂嗡嗡嗡地飞来飞去。我的房前有一片金灿灿的油菜花，盛开的小黄花耀眼夺目，高度超过胸部。待到夜幕降临，明月升起，油菜花田闪着金色的光辉，飘来一阵阵花蜜的芳香。月色朦胧，人也像醉了一样。石勒苏益格-尔斯泰因州这个季节的美景令人心旷神怡。

五月十二日到十五日是冰之圣者“圣潘克拉提乌斯、瑟万提斯、波尼法提乌斯、冷漠索菲娅”的日子。这一时期，寒潮会再次袭来。今年也下了霜，特别是圣波尼法提乌斯的十四日，大大小小的冰雹铺天盖地呼啸而来，好像从天空落下无数冰糖，打在屋顶上，又滑落下去，转眼间地面一片雪白。我还是第一次见识这番景象，呆呆地望着窗外上演的圣者恶作剧，惊得合不拢嘴。

冰之圣者离去后，气温有所回升。尽管如此，时常会刮起飕飕寒风，云层涌动，还是离不了围巾和大衣。

这一年的五月十九日、二十日是圣灵降临节。基督教的很多节日都以复活节的星期日为依据来确定，而复活节是春分后第一个圆月后的第一个星期日，所以各个节日的公元日期都不固定。圣灵降临节在复活节过后的第八周。这一天，圣灵从天而降，落在众使徒身上。于是众使徒得到力量，使用各民族语言广传福音。可以说，这是一个充满热情与火焰的节日，基督、耶稣谕示给众人的圣礼和信仰已经化为人们内心的力量和欢愉。

别对人说，除了哲士，
因为俗人只知嘲讽，
我要颂扬那渴望去死在火光中的生灵。

在爱之夜的清凉里，
你接受，又赐予生命。
异样的感觉抓住你，
当烛光静静地辉映。

你再也不能够蛰伏，
在黑暗的影里困守。
新的怅望把你催促，
去处那更高的婚媾。

你不计路程的远近，
飞着跑来，像着了迷，
而终于，贪恋着光明，
飞蛾，你被生生焚死。

如果你一天不发觉
“你得死和变！”这道理，
终是个凄凉的过客，
在这阴森森的逆旅。[1]

这首歌德晚年的名作《幸福的憧憬》，淋漓尽致地表达出对另一个真实生命的准确预感，以及人的灵魂通

1 译文引自《一切的峰顶》，梁宗岱译，中央编译出版社，2006年版。

过精神火焰得以净化的过程。在圣灵降临节的周日，我朗诵了这首诗。那之前，借着圣灵降临这一主题，机构为家长们举办了历时五天的集中研讨会。

举办家长研讨会有一个重大目的——让家长们了解阿里尔德之家和我们这些工作者的基本教育理念和教育方法，得到他们的理解与认同。

把孩子送到这里的父母，心情都很复杂。首先，有一种不得不让孩子离开自己，交到他人手中的不安与不自信。还有，他们都怀有一种期待，认为既然送进这个机构，自家孩子也会像其他健全孩子一样成长。当期待落空时，又有对机构各个层面的误解……

我们通过若干讲座、谈话、艺术讲习会，努力向家长们讲解治疗教育者的职责、我们对待孩子的态度，以及现代社会中治疗教育的意义。

我们在家长研讨会向家长们传达的内容大致如下。

我们很珍惜通过这个机构与孩子们相遇相知的缘分。家长们不能像去商店买东西一样选择自己的孩子，同样，我们这些教育工作者也不能依据个人喜好选择教育对象。治疗教育者们会感觉到，不是我在选择孩子，而是孩子一直在寻求我的帮助。当切实感受到这一点时，对孩子说出的所有语言、做出的所有行为，都将放射出不同的光芒。

“整理好床铺。”

“好好吃饭。”

“坐姿要端正。”

日常生活中的每一个指示都不再是命令，而是会饱含爱意地传达到孩子们的内心深处，作用于他们的身体，使他们的生活有节奏，有规矩，进而促进他们身体各脏器的健全发育。

这些是作为心灵守护者、治疗教育者最重要的职责，为使大家理解得更透彻，下面进一步详述。

通常认为，孩子们的心理活动，即思考、感情、意志等，无论是在父母还是在教师教导下，都是通过内心的强大力量培养而成的。

还有，伤病等身体问题，是由于医生、护士和父母的诊断、治疗、护理行为直接作用于身体，才得以痊愈的。

但是，治疗教育的目的，却要用内心的力量作用于孩子们的身体。这听起来也许像是魔法，但绝对不是。本章开头也曾提到，生活是否有规律，在日积月累后，会使人的健康程度产生很大差别。要想让孩子们轻松快乐地度过有规律的每一天，必须要有大人们温暖的关怀。为了保证有规律有秩序的生活，有时也需要对他们严格要求，但如果只是一味地批评责备，只会让孩子们吓得缩成一团，适得其反。严格的背后，需要有深沉的关爱。当治疗教育者内心有这种源自深爱的严格时，他的教育理念就会通过语言或是直接的行为（擦拭身体，拉着孩子的手去散步，等等）将孩子们包裹，激发他们的生命力，进而作用于他们的身体组织。

当然，对治疗教育者来说，重要的不仅仅是他的内心、感情如何。面对孩子时，他自身必须充满活力，他需要用真挚的目光注视孩子们的内心，他的存在本身应该带给孩子安宁与信赖。实际上，同时具备以上条件可谓难于上青天，朝着这个目标不断钻研努力，应该成为心灵守护者、治疗教育者毕生的信仰。

在家长研讨会上，一方面向家长们表明，我们工作人员在不断进行自我教育，同时，也要求家长转换思维。即向他们讲明：他们的孩子并不仅仅是一时寄放在这里，孩子是我们的人生意义所在。以孩子为中心，教育者、机构与父母、家庭，虽然在空间上相互分离，但在精神上必须紧密相连。这一事实意味着人情淡漠的现代社会中新文化的存在。

第四节　一对一课程记录

春天即将结束，油菜田里金黄的花朵凋落，取而代之的是鼓起的墨绿色豆荚。麦田也变得越发绿油油。橡树、栗子树郁郁葱葱，蔚然成林，一阵风吹过，树叶沙沙作响。突然树林那面涌来一团乌云，一场阵雨倾盆而下。雨过天晴后，六月的太阳熠熠生辉，树叶上圆润的水珠折射出七彩光芒。

波罗的海沿岸也开始有人出来沐浴日光了。这里美丽的海滩布满大粒沙子，山毛榉和白桦树威严矗立在岸边，伸展着枝叶，这种北国海滨独特的风光，对我来说真是不可思议的幻景。强劲的海风呼呼吼叫，冰冷的海水立在浪尖，白色的海鸥盘旋在空中耐心寻找猎物。

气温依然较低，风也很凉，但夏天已经到来。太阳在空中悠然摆好架势射下一束束光。夏天的活力让孩子们心潮涌动、兴奋不已，忘我地想要融入外界的光与热之中。

面对孩子们的这些变化，我们一边引导他们将内心的冲动自由地发散出来，一边努力缓和那强烈的冲动，防止它走向极端。为他们设定比平时难度更高的目标，可以有效地变冲动为动力。暑假临近，作为一个学期的总结，在大家面前展示一下学习成果是个不错的选择。

尤其对那些年龄较大的孩子，我设定了相当高难的目标。

下面，从萨比娜开始，将我承担的一对一课程的十三个孩子的治疗情况做个汇报。

1. 萨比娜 · D，18岁，女

一九八一年四月收治。

关于萨比娜，在前一节已有过简单的介绍。像她这种轻度缺陷的孩子，最重要的是培养其自信心。因为她有足够的能力意识到自己的缺陷，所以很容易陷入丧失自信和妥协放弃中。因此，无论在生活的哪个方面都可以，设定一个能让她建立自信的目标尤为重要。以此为契机、为支撑，逐渐把这种自信扩展到其他方面。为了让她在语言方面找到突破口，我给她布置的课题是：背诵一首诗歌。

长期进行同一个主题时，其过程必然有高潮也有低谷。自始至终一帆风顺的情况几乎没有，总会出现困难的局面，通过克服这些困难，能获得强大的推动力，最终实现目标。

这首诗中有一处，萨比娜怎么也记不住，对此我俩都有些焦虑。终于有一天，这种焦虑因为一件小事爆发了。

五月十四日，她上课迟到了。

川手："你为什么迟到？"

萨比娜："我不知道都这么晚了。刚才我一直在外面把割下来的草扫到一起，没戴表。"

不为迟到道歉而是找借口辩解，这对她来说是很少有的事。这暗示着现阶段她对课程的态度。

川手："你应该集中精力加强练习，这样才能达到正确朗诵的程度。"

萨比娜:“可是我已经尽最大努力了。”

川手:“不，那还不够。你必须清醒，你现在还在沉睡。”

这句话深深刺痛了她，她哭了起来。

萨比娜:“大家都说我在沉睡，必须清醒。这个我知道。所以我才在这儿的，不是吗？”

川手:“没错，所以我才说你必须更清醒，我愿意帮你改变。你现在处于什么状态，我没必要问，但今后你应该怎样，你想怎样，这个才是我想问的。你应该清楚自己的理想状态，并相信它能实现。你是有这个能力的。如果你对此深信不疑，我愿意帮你；但如果你怀疑自己的能力，心中充满不安，那么谁都帮不了你。”

五月十八日，与来访的萨比娜母亲的对话。

萨母:“我女儿经常说起在您课上的事情。”

川手:“是吗？”

萨母:“我女儿很高兴能上您的课。前几天，她说您曾经批评她，让她更清醒些，其实，她已经比以前好了很多了。”

川手:“这些我都知道。对我来说，重要的并不是她以前怎样，而是她应该怎样。所以，我对即将走向社会的大孩子们格外严格。”

经过这两次对话，萨比娜在课堂上有了明显变化。大概她的母亲也改变了想法和对她的态度吧。课堂上，她表现出强大的意志力，这份热情传递到之前总是记不清的地方，她的意识之光将那里照亮。她有了不断前进的动力，终于能流畅地把整首诗都背诵下来了。于是，我为她准备了展示成果的机会——用一周的时间在晨会上为大家背诵咏蝶诗。萨比娜没有辜负我的期望，充满自信地站在了大家面前，并以她的努力和发自内心的光彩，赢得了观众们惊奇与赞赏的目光。

◎摘自课堂(一对一课程)日志

一九九一年六月十八、十九、二十、二十一日

萨比娜在晨会上背诵了那首诗。站在老师和同学们围成的圈中展示成果。十八日周二那天，是第一次上场，我紧张得不知所措，萨比娜却比我冷静得多。我担心会发生什么意外，

焦虑不安。她却好像要赶走我的不安一般，非常完美地背诵了下来。

十八日和十九日，我站在她身后，稍微给她提醒了一下。她是那样自信，于是二十日起我决定让她独自完成（“自信”这个词，曾离她那么遥远）。

二十日她出色地完成了独自背诵，于是我决定冒一次险，让她登上高高的舞台。事实证明，这次冒险对她来说，只不过是一级台阶，她轻松地踏了上去。

短短数日，她有了飞跃性的进步。

2. 卡塔莉娜·M，12岁，女

一九八五年八月收治。

早产（七个月，一千九百八十克），发绀，唐氏综合征。

两年前，发现背部长有肿瘤，做了切除手术。

肿瘤引起的身体歪斜、走路不稳、呼吸不匀等症状现在仍然存在。

对唐氏综合征患儿来说，定期的持续治疗尤其重要。在这次一对一课程名单中，她是唯一的唐氏综合征患儿，所以我特意把她上课的时间安排在每天傍晚五点。

她的训练内容是：

①以正确姿势投接木棒，同时做呼吸发声练习。

②边玩沙包边进行提高语言器官灵活性的发声练习。

③按照“短短长”的节奏练习走路。

④把手放在后背，练习元音A的发音和深呼吸。

唐氏综合征患儿生命力脆弱，外界的影响在他们体内无法消化、吸收，往往表现为肉体可见的形式，影响到生活的各个方面。

卡塔莉娜的肿瘤也影响到了她的体态和走路。

首先第一个课题，通过根本性改变她与生俱来的浅呼吸，调整因肿瘤被进一步打乱的呼吸。(上述练习④)。

另外，通过让她跟着节奏走路，慢慢矫正她走路的方式和歪斜的身体。

虽然是短时间极其简单的课程，但积少成多也会产生明显效果。再加上卡塔莉娜有着唐氏综合征患儿共有的开朗和天真，给她上课的时间对我来说充满乐趣。每天，一对一课程的最后一节，是她给了我一个身心轻松愉快的结束。像我上面提到的那样，她需要长期持续的治疗。我离开机构时，请求卡塔莉娜所在小组的负责人犹他·B女士监督卡塔莉娜每天练习，坚持半年至一年的时间。

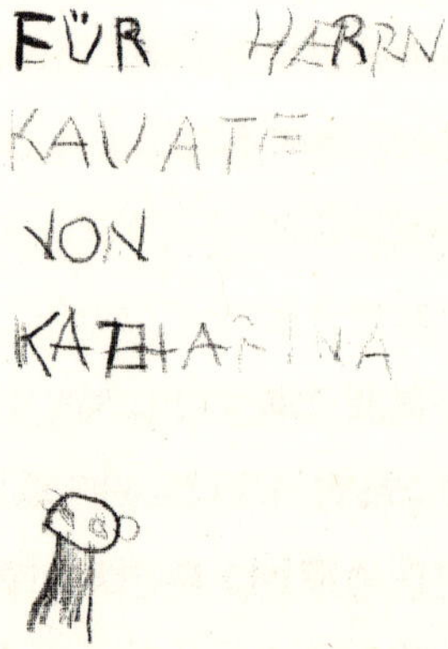

图5 “致川手老师　卡塔莉娜”汇报练习情况的卡片

3. 桑德拉·W，15岁，女

一九八八年十月收治。

时而自闭时而歇斯底里。和他人面对面站立时，特别是大家围成圈站立时表现出强迫症、迫害妄想症。

对自闭症患儿不能要求太多，一点一点耐心地消除她内心的壁垒是我需要解决的课题。同时，我希望她能跟更多人建立自然的人际关系。关键的一点是，要满怀关爱地去面对她，绝不能问她一些知识性的问题，也不能对她讲大道理。

和桑德拉进行投接木棒练习，努力使她的发音逐渐变清晰。她和自己小组的伙伴经常说话，但在学校从没发过一次言。

“怎么才能让她更想说话呢？”

在四月二十二日的治疗日记中，我这样写道。我在她上课时，请求他人陪同，或是她所在小组的负责老师，或是负责她的其他工作人员，每次上课都请他们来，陪坐在她身旁。通过这样做，来舒缓她的情绪。

每次课的后半部分，我们都会坐在椅子上闲聊一会儿。大多是我提一些极为日常的问题，她只需要用“是”或“不”来回答。中间夹杂几个需要用单词回答的问题。她从没用包含主语和谓语的完整句子跟我说过话。说实话，她的课堂表现时好时坏。千万不能急躁。我静静地等了三个月。

六月二十八日，本学期最后一节课后的闲聊。

川手:“今天也下雨，明天也下雨，后天是不是也下雨呢……”

桑德拉:“然后大后天也下雨。”

她在我面前第一次说出了完整的句子。这仅仅是一个开始，但我希望这成为一个意义重大的开始。

4. 沃尔夫勒姆 · L，12岁，男

一九八九年八月收治。

早期脑神经损伤。自闭症。

沃尔夫勒姆很听话，让他干什么他就干什么。即使是那些只需要用“是”或“不”来回答的问题，对他来说

也必须战胜自我，付出极大的努力。

自闭症的孩子大多有一双美丽澄澈的眼睛。要想从他们清澈的瞳孔中读懂他们的想法却并非易事。我经常疑惑：他究竟听没听进去我说的话？是否理解了我的意思？

有时，他们的眼中会忽然放射出一束光，那真是无比宝贵的瞬间。

沃尔夫勒姆的这一瞬间，是在我给他们班讲叙事诗《歌手的诅咒》时。

……

这时老者弹起了竖琴，他弹得非常美妙，
琴声越来越高昂，在人们耳边萦绕。
少年也拉开嗓门，唱得非凡地嘹亮，
夹着老者的歌声，凄然像幽灵合唱。

他们歌唱着春天、爱情、幸福的良辰，
自由、男子的威严、忠贞、神圣的虔诚；
唱那感人肺腑的、一切甘美的故事，
唱那振奋人心的、一切高贵的主题。

四周环立的群臣忘记了一切的讥嘲，
国王的赳赳武夫全对着上帝哈腰；
王后在悲与喜中颇有点情不自禁，
她把胸前的蔷薇摘下来扔给歌人。

——路德维希·乌兰德[1]《歌手的诅咒》第六、七、八节[2]

我一边讲述这首长诗，一边不经意地看了沃尔夫勒姆一眼，发现他的眼中充满欣喜。那目光就像是亲眼看到了雄伟的宫殿和光彩夺目的王后。

看到这情景，我决定把沃尔夫勒姆加入我的一对一课程名单。要想对某个孩子进行个别指导和治疗，首先必须要越过一个难关。那就是，得到孩子所属小

1 路德维希·乌兰德（Ludwig Uhland，1787—1862），代表德国西南部施瓦本地区的后期浪漫派诗人。他在从事诗歌创作活动的同时，还致力于中世纪文学、历史的研究，以中世纪为背景创作出大量优秀的叙事诗。其中《歌手的诅咒》与歌德的《魔王》、迈耶的《火中足》（本章第七节出现）并称德国叙事诗文学的最高峰。

2 译文引自《德国诗选》，钱春绮译，人民文学文出版社，2020年版。

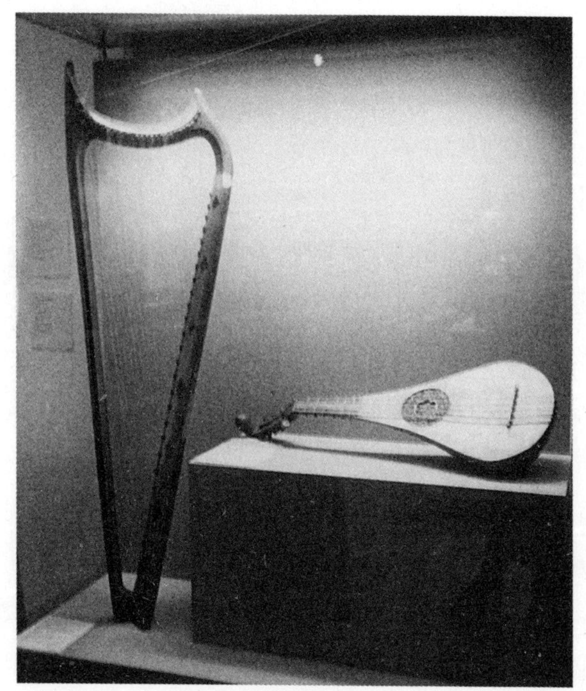

图6　被认为是最后的宫廷歌手奥斯瓦尔德·冯·沃尔肯斯泰因（Oswald von Wolkenstein，1377—1445）使用过的竖琴，以及同时期由纽伦堡的汉斯·奥托（Hans Otto）制作的叫作曼陀林的琵琶。歌手们一边弹奏着这样的乐器，一边演唱或吟诵。该藏品展示于图林根森林附近的瓦尔特堡。

组负责人的信任。这种信任并不是轻易就能获得的。对小组负责人来说，他需要对组里每个孩子的生活各方面负责，所以不能随随便便把孩子交给别人。尤其是像言语治疗这种关系到孩子本质的大事，更是需要格外慎重。

沃尔夫勒姆的负责老师S，是这个机构中公认的才能卓越的治疗教育者之一。他曾经是接受治疗者的一员，也就是曾经生活在这种机构里的孩子。尽管自身有“缺陷”，可他凭借坚强的意志和不懈的努力，考取了“治疗教育者”这一德国国家考试中最重要的资格。所以，他对孩子的态度极为恰当而严谨，有许多值得我学习的地方。

我不知道他能不能把沃尔夫勒姆交给我。因为，给沃尔夫勒姆上课，不是来自小组的委托，而是我提出的请求。

四月末的一个午后，孩子们吃过饭正在午睡，我走向斯卡巴（Skarba）（参见本章补遗1- Ⅱ关于共同体小组）。校园里一片寂静。午后灿烂的阳光照耀着我脚下的草地。原野上开满白色、黄色的小花。我打开斯卡巴的门，S正站在那里等我。我们的谈话立刻进入正题。

川手:“能否把沃尔夫勒姆交给我一段时间，我想让他上一对一课程。”

S:“那……也不是不行，你能为他做什么？”

我讲了沃尔夫勒姆那天在课堂上的表现和对叙事诗的反应。

S:“嗯，看来你对孩子有一定的洞察力，好吧，交给你试试。”

（我悬着的心放了下来，后背冒出一层热汗。）

S:“不过，如果沃尔夫勒姆发生什么异常，课要立刻停止。”

（刹那间，热汗变成了冷汗。）

S 向我讲述这一年半他是怎么对待沃尔夫勒姆的。刚来的时候，沃尔夫勒姆几乎不吃不喝，十分虚弱。就是那样的一个孩子，在 S 的治疗、教育下，先是能喝茶了，渐渐地能喝菜汤了，能吃一片面包了，到现在，能用叉子或勺把盘里的食物送进嘴里了。但是，很有可能因为某种打击，就能让他退回原状，所以，要把这样的孩子交给别人，他必须万分谨慎。

图7　歌手的诅咒（古书插图）

听了这番话，我不由得意识到自己责任重大。

那以后，沃尔夫勒姆每天来上我的一对一课程，我讲《歌手的诅咒》给他听。就像刚才提到的食物的话题，我决定把这部作品当作他的精神食粮。哪怕每次只品尝到一点点，我希望这部作品格调高雅的韵律和所蕴含的人生智慧，能逐渐丰盈他的内心。

5. 尤利娅 · R，16岁，女

一九八一年八月收治。

癫痫。空间 · 位置感觉障碍。

癫痫患儿中往往有这样的孩子，他们对生活中的某个部分感兴趣，不仅如此，他们会痴迷于此，甚至废寝忘食，而对其他事物则毫不关心。

尤利娅对玩水和唱歌可以说是忘我地投入。“忘我”这个词，能准确表达出癫痫患儿的特点。

无论是玩水还是唱歌，当沉迷其中时，她已经完全忘记了自我，就像鱼在水中游，鸟在空中飞一样，遨游在广阔的四大世界。从他们身上，我们痛感自己感性的贫乏，同时发现，其实他们不断想要逃离这个丑恶的现实世界。而这种逃离的极致表现就是癫痫发作。癫痫患儿对日常生活的意义不感兴趣，这并不是因为他们“智力发育迟缓”，相反，那其实正是他们内心隐藏着的超凡智慧，在悲惨现实面前惊慌失措的一种表现。

但是不能一味地放任他们逃避。因为向四大世界的逃避，走错一步就可能危及生命，即这种逃避有可能引起意识的丧失，甚至引发更严重的事态。不过，禁止他们做自己喜欢的事更危险，那会助长他们的逃避倾向。因此，我们的责任就是，把他们所痴迷的世界与现实世界自然巧妙地连接起来。唱歌、绘画等艺术行为就是方式之一。

语言也可以起到很大的作用。因为语言正是四大元素（地、水、火、风）与现实世界的中间媒介。比如说辅音，据其发音性质，可以归类于地、水、火、风，然而发出辅音，要靠人自身的强大力量。

在给尤利娅上课的时候，我会设法让她尽可能清晰地发出辅音，并努力使课堂时间充满欢乐，让她认识到进行这些练习的现实意义。

以下是我针对她的一对一课程写的具体注意事项。

要求她时刻注意爱惜物品，轻拿轻放。

投接木棒时要全神贯注、小心翼翼。逐渐消除动作粗暴、行为草率、马虎。

语言使用也力求严谨、慎重。注意她说话时是经过了思考，还是在信口开河。

为了完成以上课题，要注意她说话时句子和单词的结尾是否准确发音。要求她从头到尾都要说得清晰而明确。

发声练习应选择各种要素完美结合的素材，叙事诗要选择人物形象鲜明，容易留下深刻印象的诗歌。

最重要的是保持身心愉悦，多些表扬鼓励，激发兴趣和动力。

6. 达娜 · R，15岁，女

一九八三年二月收治。

难产造成的脑功能障碍。轻度癫痫、歇斯底里症。

对达娜，我也下了很大功夫帮她练习辅音的发音。

刚开始时，她几乎不会发R音，把K发成T，SCH的发音也很困难。我努力帮她一点一点地改善口腔机能。做发声练习朗读文章时，指导她要意识到上下颌的动作，充分运用舌头，注意牙齿和嘴唇的张合。为了达到全身协调，帮她同时进行投接球或木棒的练习。

边投接球边做发声练习时，设法让她把球投得越来越远，接得越来越稳，同时发音也越来越清晰，越来越大声。

刚开始时，投掷和发声无论如何也协调不起来。这让我真切感受到，将处于分离状态的身体功能调整到本应有的协调统一是多么重要。

一对一课程开始后大约两个月，六月五日，她会发R音了；六月二十六日，不再把K发成T，能准确发出K音了。回想她入学之初（当时7岁），不仅不会说话，连吃饭都很困难，这几年真是取得了很大进步。衷心希望她以后也能在阿里尔德之家这个理想的环境中，学得更多更好。

7. 坦尼娅 · R，16岁，女

一九九〇年三月收治。

癫痫、自闭症。对新环境充满不安。

学期初，坦尼娅所在班级的班主任因事故不在，我当了两周代理班主任。那段时间，坦尼娅几乎一言不发。回答我的问题时，声音也小得像蚊子叫。

有一天，我和他们组一起吃晚饭时，发现她竟然在用洪亮清晰的声音跟伙伴们说话，令我大吃一惊。和前面提到的桑德拉一样，自闭症的孩子，面对的生活越公众化（这里指学校生活），就会越封闭自己。

虽然他们现在在学校不发言，但是，既然在自己小组和在家里说话，如果能有一个契机让他们对学校产生全新的感觉，那么在学校他们应该也能表达自我。

于是我想，如果我的一对一课程能成为她的“第三个场所”就好了。

这里说的“第三个场所”，虽然也是学校生活的一部分，但对她来说是不需要任何顾虑的地方，可以推心置腹，又能专心学习。

并且，在一对一课上，我努力忘记她在学校和小组中的表现。因为那些成见，会造成对她过低的评价，或过多的期待。我只依据她和我在一起时的变化，安排课程内容。有一天，她的班主任对我说能不能让她练习一首诗。对外界的合理建议，我非常乐于接受并立刻付诸行动。我直接对坦尼娅说了这件事。

川手:“咱们练习一首诗吧。”

坦尼娅:“好。”(她的回答那么直率，让我有些吃惊。)

川手:“歌颂大自然的，歌颂万物生灵的，歌颂人间情爱的，你选哪一种?”

坦尼娅:“我选歌颂大自然的诗歌。”

川手:“喜欢清晨还是黄昏?”

坦尼娅:“黄昏。”

坦尼娅毫不迟疑地回答着。她很清楚自己想做什么。我给她读了两首诗，问她哪个好。

坦尼娅:“这两首我都想练习。”

两首都——有点贪心，但却是最理想的回答。她短短的一句话，让人感觉到十足的干劲。

这种孩子对自己主动选择而非他人强迫的课题，定能下大功夫好好完成。她每天晚上睡前躺在床上用小得别人听不见的声音，把两首诗各练习三遍，然后第二天兴高采烈地来上课。

既然她有这么高的积极性，那么相当高难度的要求应该也能接受。

于是我要求她在每行诗的开头处深呼吸，到一行结束时将气息用尽。每当深呼吸时，声音就变得清晰而洪亮，表情也随之变得生动开朗。那张以前总是惴惴不安的脸现在变得像刚洗完澡似的鲜活而充满朝气。有时我也跟她一起朗诵，帮她保持正确的呼吸节奏。

渐渐地，她有了新的想法：我要像萨比娜那样在大家面前表演诗朗诵。自闭症的孩子能有这样的想法非常难得。不仅如此，通过把愿望告诉别人，她在克服自身日常性的道路上又前进了一步。

8. 斯韦恩·R，11岁，男

一九八九年八月收治。

脑神经障碍。3岁起定期接受小儿神经科治疗。

他无法给日常生活中的各种行为赋予意义和适当位置，晨会上跟大家围成圈站立，也是最近几个月才刚刚能做到的事。

月亮的阴晴圆缺对他影响很大。他会在满月前后失眠，对风、暴风雨有强烈的感觉。

这个孩子与自然界的各种生命韵律、月亮、天气的联系过于紧密。那已经远非喜欢或讨厌，完全超出了是否有兴趣的程度。与癫痫患儿一时性地向四大世界逃避不同，斯韦恩每天从早到晚都与风雨雷电同呼吸，共命运。

无论你怎么反复提醒，让他静下心来专心练习，只要窗外有一片树叶飘落，他的心思就会飞向窗外。他自己也知道上课应该全神贯注，为了防止分心会主动拉上窗帘，但窗帘缝隙漏出的光线瞬间又将他吸引。

我很严厉地批评他，半强制性地命令他集中注意力，让他进行投接球和木棒的练习。其实我本不想这样，但对他实在是没有其他办法。

虽然他极度缺乏注意力，身体松弛，动作迟缓，甚至就餐时都无法在餐桌旁坐好，但他投掷木棒速度惊人。看表面完全预测不到他会投得那么快，他根本不管对方是否已经准备好，而且似乎并没想用那么大的力气去投。我希望他能集中注意力，却无论如何都无法让他控制投掷时的力量强弱。

跟他练习时我一直相当注意，但有一天，因为一点点疏忽，他投过来的木棒从我手边飞过，发出很大的声响，打中了我当时戴的眼镜。那是他从来没有过的超快速度。镜片碎了。我们俩都吓了一跳。我突然火冒三丈，大声训斥他。他也惊得不知所措。我肉体的疼痛映射到他的内心，眼镜的裂痕成为我内心的伤痕又击打着他的内心。我感觉重要的时刻来临了。如果错失这天赐良机就失去了治疗的意义。斯韦恩对生命活动那么敏感，也有好感和反感，可是无法感知别人内心的痛楚。我在怒火平息后，故意继续批评他不注意、不为别人着想，向他诉说我内心的伤痛。

这次事件给他带来了令人难以置信的变化。两天后再来上课的斯韦恩好像变了个人。

以前好像从身体里自动弹出的木棒，现在通过他手臂柔缓地摆动划出圆滑的弧线飞来，而且他会随时都在留意对方是否已经准备好了。开门关门的动作也变得轻柔了许多。因为是事件过后刚刚两天，一开始我以为是他害怕惹怒我才那么小心的，但那之后，这种状态一直持续。不仅如此，和班里其他孩子练习投接木棒时，他也变得沉着冷静了，所以我觉得可以认为，他内心深处已经发生了本质性变化。已经不必提醒他别看窗外。他把自己体内多余的生命力变成了更具人性、更协调的力量，也就是专注力、持续力和对别人的体谅。

◎我与斯韦恩的对话

——斯韦恩，你喜欢什么？

“我喜欢风、雨、雪。比起风来，我更喜欢雨。比起雨来，我更喜欢太阳。比起太阳来，我更喜欢月亮。比起月亮来，我更喜欢雪。比起雪来，我更喜欢暴风雨。（到这为止，每次都是同样的回答。）我非常喜欢被云遮住一半的月亮。月亮闪着美丽的光芒。”

——在班里，谁是你最好的朋友？

“安德烈。”

——有不喜欢的人吗？

“我不喜欢打我的人。”

9. 比尔吉特 · G，13岁，女

一九九〇年八月收治。

早产。12岁时从不来梅的精神障碍儿学校转来本机构。当时还戴尿布，不能自己吃饭，无法分音节发声。以上三点，入学后两个月就解决了。但是，元音和辅音发音不清晰、行走姿势歪斜仍然未能改正。

阿里尔德之家有节奏有规矩的生活，把还停滞在婴幼儿阶段的她，在日常生活方面，以惊人的速度提升到学龄儿童的水平。

但是，要弥补行走和语言能力的欠缺并非易事。包

含思考能力在内的以上三种能力，既相互影响，又与每个人的自我意识紧密相连（图8）。

换言之，如若激活以上三者中的任意一种，对其他两种也会产生积极作用。

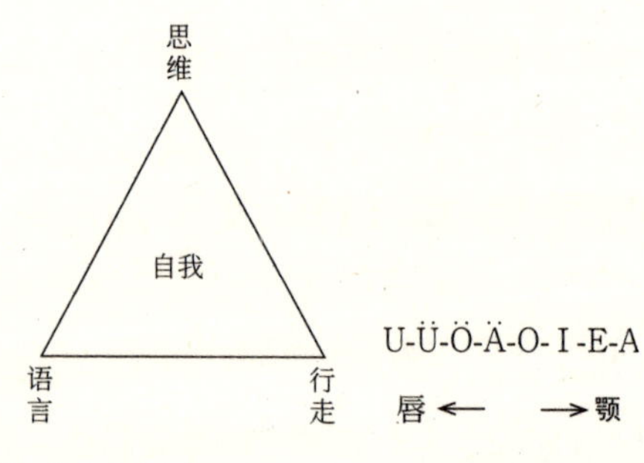

图8 与自我紧密相连的三项活动　图9 元音的发音位置

对比尔吉特，我采取了与卡塔莉娜不同的教育方法，不直接纠正她的走路姿势，而是细致地指导她练习辅音和元音的发音。

元音的正确发音位置关系如图9所示，自口腔后方向前方依次有序排列。而她的情况是，那些应该在口腔前方发音的元音，她发得特别不清晰，且总是混淆，辅音的发音也有类似情况，即应在口腔前方发音的辅音总是在后方发出。如将N发成NG，将T发成K。和达娜的情况正好相反。

进行发音练习时，我首先让她上下齿轻咬舌尖，以发英语TH的口型练习说含有N和T的单词。

NEIN … NEIN … NEIN

TAG … TAG … TAG …

虽然缓慢，但她在一点点地进步。

六月十八日的课上第一次准确发出了“TAG”，而不再发成“KAK”了，之后又学会了N和T的正确发音，比尔吉特喜出望外。努力对她来说不是问题，重要的是周围大人的毅力和耐心。

10. 贡纳·J，13岁，男

一九八六年秋收治。

有些孩子的症状，无法用唐氏综合征、自闭症、癫痫或歇斯底里等明确的病名来描述。虽然也伴有脑神经

图10 贡纳画的《日本的寺院》

损伤等器质性缺陷，但那只不过是他们状态的一个侧面。“智力发育受损”这种词也不准确，因为他们的智力，有时会闪烁出远远超过我们的智慧之光。但是，身体上的障碍像一层帷幔，挡住那智慧之光，使它无法照射出来。挖掘他们体内潜藏的巨大才华，正是我们的职责所在。

本节开始提到的萨比娜，还有接下来要介绍的三个男孩都是这种情况。但我并非要把他们四人归为一个症候群。我想说的是，上面提到的那种内在的精神。这一点固然因人而异，其智慧之光也千差万别。

我的责任是给他们的火花塞点火。而燃烧的火力大小则取决于他们自身。

因此，我为贡纳选了押头韵的北欧神话《老爱达经》。指导他在押韵处用力跺脚，紧握拳头，精神饱满地发声。他的眼中闪烁着意志的火焰，同时上下颌用力配合发声，意志的力量渗透到语言器官。

11. 奥利弗·M，15岁，男

一九八五年八月收治。

先天性心机能障碍。早期大脑损伤。缺乏冷静和专注力。

对周围的人和事物很感兴趣，但不能坚持到底。

对奥利弗，有必要通过书写将他的行为具体化。

我很少在课上让孩子们书写。因为书写练习在其他课上已经进行得很充分，写得太多会造成孩子们的心智过多用于知识的掌握。因此只要没有什么特别理由便不让他们书写。

但是，对奥利弗则不同，书写这一知识性行为反而会作用于他过度的兴趣（对知识性行为，反感会发挥很大作用），使他内心保持平衡。

这对奥利弗可以说是艰巨的任务。奥利弗往本子上写一个字，所花费的力气相当于我们写一封好几页纸的重要书信。他写下的一笔一画都在改变着自己。

每周三次，我看着他抄写诗歌，不断鼓励他别为误写、漏写气馁。他不懈努力，完成了一首又一首。

“我要努力，要加油！”他时刻保持着这种积极向上的心态，但也需要身旁的大人用温和又严厉的态度来支持他，引导他。

温和又严厉——看似矛盾，但这两个要素几乎对每个孩子都是必要的。当你怀着深深的关爱注视他们时，他们定能感受到这关爱；我们严格要求的课题，他们会想方设法努力去完成。如果你采取的是逃避责任、放任自流、随心所欲的态度，那也逃不过他们的眼睛。对他们既不能过度压制又不能撒手不管，与孩子们的交流微妙而细致，需要把握好分寸。

12. 阿明·W，18岁，男

一九八〇年十一月收治。

阿明有着优秀的理解力和准确的判断力，但与此相反，即使是给他做过示范的诗，哪怕只有一行，他也几乎做不到正确地朗诵。他不认字，要想让他记住一部作品，把成果展示给大家，更是难上加难。

我们为他选了一段格言，指导他不用大脑去记忆，而是通过行走、手指游戏等辅助手段，用身体记住格言的每一行字、每一个音。

心中荡漾着情感的波浪
脑中闪耀着思想的光芒
四肢活跃着意志的力量
荡漾着闪耀
活跃着荡漾
闪耀着活跃
这就是生命之光

对他来说，复述一行诗歌都很困难，更何况是记住七行，而且还要在大家面前表达出来，简直就是艰苦卓绝的漫长旅程，还是险象环生的登山路。这七行诗就像佛珠一样，连贯，重复，极易混淆。正因为如此，才更值得去努力。如果能记住这段格言，他心中那团迷雾就能散开。我这样劝说、振奋自己，也鼓励着阿明。我一次又一次发火，他一次又一次哭泣。汗水像豆粒一样滴下来，他就去洗手间洗把脸再继续练习。

对我们来说，非常幸运的是，阿明自身有着强烈的渴望——在毕业之前练好一个作品。这渴望通过反复表达，逐渐转变为滚烫的钢铁般的意志。而这强大的意志力，足以摧毁一切巨大沉重的岩石。

阿明的渴望转变为意志力，又付诸行动。晨会上响彻会场的声音，是那么热情而丰富，震撼人心。他厚道的人品、深沉的爱和善良，把我们紧紧包围。

到这个学期末，他在机构十年的生活就要画上句号。社会的悬崖峭壁与我们两人共同摧毁的困难相比，更要险恶成百上千倍吧。

但是，完成了一个课题这一事实，在超越任何一座山峰的高处闪闪发光，并且，这光芒终将成为照亮阿明人生航路的北极星。

13. 克里斯蒂安·S，13岁，男

一九八六年收治。

克里斯蒂安是我从没见过的类型。他所拥有的超群智慧，足以把周围的成年人置于自己的控制之下。

通常来我这上课的孩子都是高高兴兴地来，因为我的课堂对他们来说是个特殊空间，是个非常令人欢呼雀跃的地方。他们拼命地努力练习，并对我表示感谢。

但是克里斯蒂安，至少在表面上，丝毫没有流露出这些。从一开始，他就想尽办法要惹怒我，重复一些微不足道的恶作剧，以此吸引我的注意力。

在此回顾一下我的日记，详细介绍一下他的情况。

四月二十四日

他在经历怎样的心路历程？很难透过表面看穿。

严重缺乏平衡感和位置感。

小组负责老师要求对他进行一对一教学。

——培养丰富生动的想象力。

——促进智力、感觉的健全发展和成长。

四月二十九日

他想把上课变成游戏。我对他说，练习时间不是游戏时间。于是，他开始想方设法搞各种恶作剧来惹怒我。

五月六日

这次一上课他就想惹我发火。但是，快下课的时候，他竟然说他想继续练习。这个孩子真是从没见过的新类型。

五月八日

今天克里斯蒂安心情非常好，很配合。投接木棒的练习完成得很出色。但是，他的任性没有丝毫改变。

同一天，克里斯蒂安的小组负责人B老师向我汇报了他的情况，记录如下。

六日下课后，B老师向克里斯蒂安询问上课的情况，他诚实地回答说那天没有好好练习。另外，克里斯蒂安以前不会发的“R”音，最近开始会了。

（尽管课堂上举步维艰，他的语言却有了那么大的进步，这着实令我惊喜，也给了我坚持下去的勇气。）

五月二十九日

刚进教室，克里斯蒂安就打了我一拳。我对他说这个行为可不好。于是，他把放在桌子上的我的钥匙装进口袋，想要惹怒我。我竭力抑制住怒火，平静地说：“能不能把钥匙还给我？”他发现用钥匙不能惹怒我，终于决定开始练习；但那也只是三分钟热度，不一会儿就停了下来，一屁股坐到椅子上。

克里斯蒂安：“我站不住了。我想坐着练习。”

川手：“发音练习不能坐着。”

克里斯蒂安:“能。”

川手:“你如果站不住，就没必要练了。”

克里斯蒂安:“有必要。”

川手:“没有。…… 你要是不想练，就不用来上课了。”

克里斯蒂安:“那明天见。”

川手:“不，明天不用来了。”

他跑出教室，一边下楼梯一边大声谩骂。我没听懂说的是什么。

同一天，我把上课时的情况尽可能客观地传达给B老师。

我俩商定，对这一结果必须做出彻底决断。即，在克里斯蒂安的态度发生根本性转变之前，暂停他的一对一课程。

同一天，B老师和克里斯蒂安对话。

克里斯蒂安:“今天我心情不好。”

B老师:“川手老师没必要知道你心情好不好。况且上课是为你自己，又不是为老师。为你准备的练习你要是不好好练，川手老师会很失望的。”

克里斯蒂安："我想送给川手老师巧克力，作为道歉。"

B老师："比起巧克力，你好好练习才是送给老师最好的礼物。你自己好好想想，到底还想不想上课，想好了，告诉川手老师。"

五月三十日

我去克里斯蒂安的房间找他。

川手："克里斯蒂安，你也知道，咱俩的一对一课暂停了。可是，想找我上课的孩子还有好几个，如果你不上，可以空出时间让给其他人。所以，我来确认一下你的想法。我是接收其他人呢，还是拒绝。"

克里斯蒂安："请拒绝。"

川手："那么说，你还想跟我学习咯？"

克里斯蒂安："是。"

川手："明白了。不过，既然你决定继续上课，就必须改正对练习和对我的态度。别总是那么倔强，要好好听我的话，按我教的去做，能做到吗？

要想学好，这些都是必须的。”

克里斯蒂安：“知道了。”

六月三日

不幸的是，接下来的课陷入异常混乱的局面。

先是克里斯蒂安要继续上课这件事没能传达清楚，他没来，我不得不去叫他。再加上因为是突发事件，我平时上课的教室无法使用，需要去其他空教室上。而且，好不容易开始上课了，不断有学生打开教室门想要进来，课堂一次次被打断。

克里斯蒂安：“我上不下去了。”

川手：“我理解你的心情，但再加把劲儿，把这个练习做完。”

克里斯蒂安：“我做不到。”

我俩重复着这样的对话。其实我也知道，在今天这种情况下要求他认真练习有些苛刻。……离下课还有几分钟的时候才好不容易把他领来，在不熟悉的教室，还一次次被干扰……

但我认为，正因为是这样的情况，才更应该坚持把课上完。因为克里斯蒂安正是以这种理由为借口，懒得去行动的孩子。

我让他站起来，想把课继续下去。但是他一点也不想动。我想，这次我真的是无能为力了。

川手："好吧，今天就到此为止。但下次，要遵守约定，好好学习。"

克里斯蒂安："听不懂你在说什么。我可没做过什么约定。"

我必须对他的这句话做出恰当的回应。

川手："原来如此。既然这样，课就真的要停了。你以后不用再来了。"

克里斯蒂安：（沉默）

川手："你必须做出决断，来还是不来。你如果不来，别人就可以来上课。"

克里斯蒂安："我不知道。"

川手："你这样让我很为难，必须回答。"

克里斯蒂安：（沉默）

川手："明白了。我就当是你不想来了。"

克里斯蒂安："对！我再也不来了。再见，无能的老师！”

上课场所固定、严格遵守时间是多么重要。如果当初他按时来了，并且在以往的教室里上课了的话，就是另一番结果了。毕竟事情已经发生了。克里斯蒂安的一对一课到此为止。现在必须做的是，好好消化这个结果，尽量使它对克里斯蒂安有积极意义，成为让他有所收获的一次可贵经历。

六月四日

晨会结束后，我向B老师传达了最新动态。我们决定暂停课程。同时约定，彼此多加注意，努力使这一结果对克里斯蒂安产生积极作用。

正好这天的第一节课，是我在克里斯蒂安所在班级上课。刚开始上课时，克里斯蒂安没跟我握手。我总是在课程开始和结束时，跟每一个孩子握手，叫着他们的名字说“你好”和“再见”。但是，下课的时候，他向我伸出了手。……由此可见他心情的转变。

同一天下午。

克里斯蒂安所在小组的工作人员N女士来访，说昨天是她忘了让克里斯蒂安来上课，并且在中午举行的关于此次事件的小组讨论会上向大家做了汇报。据说老师和孩子们关于这个问题都讲了自己的看法。像这样，大家从各个方面共同来帮助克里斯蒂安，这一点非常重要。N女士能来找我，我很高兴。

六月五日

晨会开始前，我和B老师、克里斯蒂安见了一面。能感觉到克里斯蒂安对我的态度发生了重大转变，目光中多了几许温暖，这是他内心丰富情感的自然流露。

他能发生转变，无非是因为B老师和N女士跟他讲明了做出这次决定的经过。这次决定，绝非感情用事或随意而为，而是基于公正、诚实、真挚的精神，是深思熟虑的结果。他理解了这一点，也有想重新上课的愿望，一旦决定了的事就必须要遵守。

（我和B老师都没想到克里斯蒂安这么快就有了转变。我俩商定，暂停几次后，可以重新开始。）

六月十七日

再次把克里斯蒂安叫来上课。他的态度有了根本性转变。我俩之间似乎产生了新的感情。

还有，他做发音练习时的准确程度令人吃惊。原来口齿不清的毛病，现在也改掉了。

师生齐心协力，争取在暑假前这段有限的时间，结出更丰硕的果实。

给克里斯蒂安上课，时有艰辛，作为一个治疗者、教育者，我的能力和人品多次经受考验。但是，有B老师和N女士的帮助，我们三个大人一起与克里斯蒂安博弈，终于得以穿越昏暗的隧道。上面六月十七日所写的“新的感情”，其实就是包括B老师、N女士在内的“新的命运共同体的感情”。那是一种向着同一目标，团结协作共同奋斗的意识。就像谚语所说的，“三个臭皮匠

赛过诸葛亮”，真诚的团结协作，催生出高度的智慧。同时，与这智慧和意识一起，言语精神的强大力量作用于我们自身，将我们体内潜藏的已经停止生长的内在“语言”激发出来，呈现在骄阳之下。

第五节　语言的力量

关于语言，在第二节“语言的教育”中曾有所提及，通过上一节的介绍，相信大家对每一个孩子的情况都有了一定了解。这一节，我想重新回到“语言”这个主题。也许会有跟前面重复的地方，这一节，我主要想从以下四个方面思考语言的作用。

（1）作为声音、回响、韵律、节奏的语言。

（2）由文字营造的氛围、色彩、芳香、情感。

（3）语言、文章或特定作品所要表达的思想。

（4）实际运用语言进行表达的人的存在。

如果只把语言看作传递信息的工具，那么以上的区分也许是无意义的。当今时代，传递信息的语言充斥着人们的视听，甚至泛滥成灾。而正因为是这样的时代，才更应该重新认识语言本身的力量，让它重放光彩。雪

国漫长的冬夜里，奶奶讲的神话故事，还有阿伊努族的长老们给族人吟唱的神谣，如果这些仅仅是以传递信息为目的，那么我们的文化该是多么苍白且乏味。语言有它作为声响和韵律的神奇力量，它能让听者的情感得以升华，让人们的品德更加高尚，能揭示宇宙的奥秘，培养人们的个性。

1. 作为声音、回响、韵律、节奏的语言

这里所说的语言是指形态上的。不涉及意义内容，只讨论语言对身体的直接作用。

◎五个元音 —— A、E、I、O、U

例如，用双手轻抚孩子后背，跟他一起一边深呼吸一边缓慢地大声发“A”音。这个练习可以把短浅不规则的呼吸调整正常，经常练习可以矫正身体形态。此外，A、O、U 作用于血液循环系统，E、I 主要对神经系统起作用。

◎辅音的发音位置及特性

用腭发音的辅音 —— G、NG、H、CH、K、QW

用舌发音的辅音 —— D、L、N、R、T

用牙齿发音的辅音 —— C、J、S、SCH、Z

用唇和牙齿发音的辅音 —— F、V、W

用唇发音的辅音 —— B、M、P

指导孩子们以正确的发音位置准确发出辅音，可以使每一个辅音的特性作用于孩子们的身体。而这些特性是深深扎根于人的身体组织和内心世界的，所以准确的辅音发音练习，对这些成长缓慢的孩子尤为重要，可以将潜藏在他们体内的天赋激发出来。

用腭发音的辅音主要与意志相关。

用舌头或牙齿发音的辅音主要与思考相关。

用唇发音的辅音主要与感情相关。

此外，辅音还可以分为以下四大类。

爆破音直接作用于肢体 —— B、D、G、NG、K、M、N、P、QW、T

波动的舌音增强生命力 —— L

颤音作用于感情 —— R

送气音作用于自我意识 —— C、F、H、CH、J、S、SCH、V、W、Z

下面，对每一个辅音进行更严密的分析。

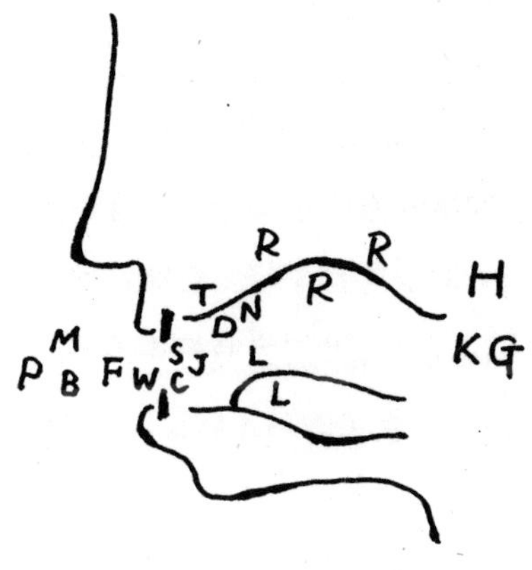

图11　辅音的发音位置

G —— 确保环境中自身所处的位置

K —— 集中、凝聚环境中的各种力量，使其爆发

D —— 控制对象，做出指示

T —— 坚持到底

M —— 与他者的接触及交流

N —— 与他者的接触或逃避他者

B —— 为生命赋予形态

P —— 彰显自我的存在

L —— 旺盛的生命力

R —— 作用于静止的对象，使其运动、翻转

H —— 呼吸、生命、生命力

S —— 对对象的强大推动作用

Z —— 进入对象内部，将其燃烧、净化

F —— 宣扬自我以及对自我的再确认

W —— 自然与人类的紧密联系、命运

◎ 韵律

选取押头韵的诗歌，在韵脚处边跺脚边练习朗诵，意志力就会强烈地作用于身体，唤醒自我，使注意力更集中。

希腊的音律形式，可以粗略分为上升调和下降调两大类。

下降调式韵律，例如希腊诗歌中的六音步长短短格（daktylos），能促使人们冷静思考，有助于形象记忆。

上升调式韵律，例如短短长格可以使意志更坚强，

激发表达自我的动机。

运用上述语言诸要素进行治疗时，我会根据孩子的状态和内在要求来开处方。

2. 由文字营造的氛围、色彩、芳香、情感

以前项形态上的语言为基础，在此论述与之相对照的语言所表达的情感、情绪。我们平常对孩子们说的话、做出的行为指示、就餐前和就寝前的祷告，还有精心挑选讲给他们听的诗歌、童话、传说等，这些都是为了孩子们能茁壮成长而营造的心灵环境，是孩子重要的精神滋养。就像我们为了生活得更舒适，会慎重选择房间壁纸的颜色、家具、日用品一样，工作人员使用的语言，也必须是经过深思熟虑、反复推敲的。古往今来的经典名著可谓字字珠玑，具有美妙的色彩和音色，散发着沁人肺腑的芳香。这些成为孩子们心灵小屋中的地毯、窗帘、插在花瓶里的应季鲜花、挂在墙上的壁画、壁龛上装饰的雕像，使孩子们的精神生活更丰富，更深邃。

3. 语言、文章或特定作品所要表达的思想

说出口的话语，应该是人们思考、思想的体现。尤其是在这样的机构中，每天与孩子们朝夕相处，不经意间脱口而出的话有可能产生意想不到的后果，对语言的这种恐怖性，我们深有感触。如上所述，语言必须经过深思熟虑、反复推敲，与此同时，还必须由正确的思想来引导。也许有人会说：整天考虑这些，那还不得累死啊！的确，当孩子们进入梦乡，一天的工作结束时，我们每个人都累得精疲力竭。虽然很累，但因为是在与人的交往中，充分活动身体的思考，累也累得酣畅淋漓。疲惫不堪的夜晚，我就用热水烫烫脚，或是泡个热水澡，或是蒸个桑拿，美美地睡上一觉。——啊，扯跑题了。

课堂上，或是夜晚祷告前，读给孩子们听的作品都体现着某种特定的思想。以格林童话为代表的传统童话，通过神奇的森林城堡、仙子、各种动物形象，传达着世界的睿智，向孩子们自然地讲述人类的生与死，讲

述心灵应该经历的磨炼与努力。

4. 实际运用语言进行表达的人的存在

也就是我们自身。我们自身就是语言。每天对孩子们讲各种话，教给他们人生的道理（当然同时也从他们身上学到很多），给他们讲童话，读诗歌，这些时候，与所讲述所教授的内容完全独立，我的人格也在不知不觉中影响着孩子们。这种“我”的存在，不仅先于表达技巧，而且比思考、思想更根本。无论我们如何思考，如何打算，都跟这些毫无关系，我们的本质核心，早已被孩子们看穿。我们曾经走过的人生、逝去的岁月，成为结晶，影响着孩子们自我意识的形成。或者可以说，我年轻时的苦涩经历与过失，变化成自己完全预料不到的形态，通过孩子们心灵的明镜反射出来。过去已经无法改变，但是每天每时每刻，新的过去在不断形成。可以说，我们连同自己过去的人生经历一起，在与孩子们打着交道，并且以建立更和谐的关系为目标，走过作为治疗教育者的每一天。

上述语言的诸侧面，实际上并非相互分离而存在，而是结合在一起的。例如，一篇诗作，首先以（1）“声响”的形式，其次把它的（2）“氛围”传递给孩子，进而它的（3）“思想内涵”被揭示出来，最终讲述这首诗的（4）“我”对孩子们产生影响。

五月底，我获得了在“鲁格之家”举办朗诵会的机会，把一部堪称语言集大成之作展示给机构里的孩子们。

第六节 《无耳芳一》的故事

这次我来到阿里尔德之家，被赋予的工作之一是举办一次朗诵会。为此我早已做好准备。很久以前我就一直在想，如果能有机会再来，一定要给孩子们讲《无耳芳一》的故事。

小泉八云［原名拉夫卡迪奥·赫恩（Lafcadio Hearn）］以其非凡的创作才能，改编了日本极具代表性的这一民间故事。我想，这个故事一定会给孩子们带来心灵上的强大震撼。事实证明，结果的确如我所料。

首先，盲眼琵琶僧人这一形象足以令孩子们惊讶，同时也颇具亲近感。正因为有身体缺陷，他们的感觉才更敏锐，感情才更丰富，从这一点上来说，芳一简直就是这些孩子的象征。再者，正因为有超乎常人的能力，才有可能与人类以外的异灵交流。但这种交流稍不留神

DIE GESCHICHTE VON MIMI-NASHI ▫▫ HŌÏCHI ▫▫

VOR MEHR als siebenhundert Jahren wurde in der Meerenge von Shimonoseki, in Dan-no-ura, die letzte Schlacht in dem langen Kampfe zwischen dem Heiké- oder Taira-Clan, und dem Genji- oder Minamoto-Clan geschlagen. Dort fanden alle Heiké mit ihren Frauen und Kindern den Tod; und auch ihr damals noch im Kindesalter stehender Kaiser, (jetzt unter dem Namen Antoku Tennō bekannt), mußte sein junges Leben lassen. Siebenhundert Jahre lang wurde dieses Meer von Gespenstern heimgesucht. . . .

图12 《无耳芳一》的故事德语版教材开头

就会危及生命。为了避开这危险，保护并发展自身的超能力，周围人温暖的保护必不可少，这些也和孩子们情况一样。

《无耳芳一》朗诵会，迄今为止已在多地举办，但从没有像这次这样引起观众的强烈共鸣。我在舞台上一边讲，一边能真切感受到：芳一和带他走的武士，聚集在“大厅”里的平家贵族亡灵，老女人，还有设法保护芳一的住持，这些人物形象连同故事情节，正源源不断地注入孩子们的心田。

特别是芳一淡定地坐在房檐下，任亡灵怎样呼唤也纹丝不动，直到后来双耳都被扯掉也一声不出，甚至到住持回来时还保持着同一个姿势，这些都给孩子们留下了深刻的印象。自制力、忍耐力、服从正确的指示、坚持正确的行为，芳一用惊人的表现力向我们展示着这些重要的品质。芳一通过牺牲耳朵（听觉），技艺更上一层楼，成为闻名全国的说唱艺人。

这种通过具体生动的人物形象来表现品德的作品，可以对孩子产生强大而深远的影响。胜过我们时常顺口说出的说教之词百万倍。优秀的艺术作品，并不会直接训诫世人，正因为如此，反而会以自然、美好的形式表达人生的智慧，它们是超越语言、超越民族障碍的全人类的共同财富。

芳一传达给孩子们的，一定是我们无法想象的神秘。孩子们以自己的“异能”感受着芳一的“异能”，感受着世界的奥秘。10岁的盖奥吉奥斯来到这个机构很多年了，这个即使白天很疲劳夜晚也无法安眠的孩子，听完芳一的故事后，第一次从傍晚一直熟睡到第二天清早。并且，从这天开始，孩子们和我的关系翻开了新的一页。这些或许都是芳一的功劳。

我的同事们被芳一的自我控制力和忍耐力深深打动了，问我这么深厚的德行是不是只有东方人才有。那一瞬间，作为日本人，我的民族自尊心受到触动，险些就回答“Ja(嗯)”了，但立刻意识到自己的不慎重，忙答道:“怎么会，你们的叙事诗里也有很出色的例子啊。”

第七节　叙事诗《火中足》

一道闪电直冲云霄，
如利斧般划破夜空，
银白色电光中耸立着城堡的塔楼。
雷声轰鸣。
骑士用力勒住马，翻身跃下，敲打着城门，
大声喊着：“开门！”
他身上的斗篷随风舞动。
栗色马不情愿地扭动身体，
骑士用力拽住缰绳。
一扇小格子窗闪出金黄色的烛光，
伴着低沉的嘎吱声，
一个贵族模样的人打开大门。
“我是国王的侍卫，有重要的差事，正要赶去尼姆。我要在此借宿一晚！这身宫廷侍卫的衣服你总该认得！”

“风雨中的客人啊，无论您穿什么衣服我都会留宿。快请进，暖暖身体，马儿请交给我来看管。”

骑士走进昏暗的客厅，
墙上挂着历代祖先的肖像。
壁炉中燃烧的火焰映照着客厅，
在摇曳的火光中，
显现出身穿铠甲的胡格诺的画像，
另一幅画的是一位气质优雅的贵妇……
骑士坐进壁炉旁的椅子，
瞪大眼睛看着熊熊燃烧的火焰。
往事重现在脑海，骑士抬头向上看去……
他不禁打了个寒战，汗毛跟着立了起来。
这壁炉，这客厅都似曾相识……
火焰发出噼啪的声响，
赤红的火舌吞噬着双脚。

年迈的女仆正准备晚餐。

侍女帮忙铺上白色的亚麻桌布。

侍童搬来葡萄酒瓮。

孩子们用惊恐战栗的目光看了一眼来客，随即紧盯着壁炉……

火焰发出噼啪的声响，

赤红的火舌吞噬着双脚。

“怎么会这样！那时的家徽！那时的客厅！”

三年前……驱逐胡格诺教徒……

那个美丽又守口如瓶的少妇……

“你的丈夫，那个乡下贵族在哪儿？快说！”

少妇一言不发。

“快说！”

少妇一言不发。

“快把你男人交出来！”

少妇一言不发。

不说就别怪我不客气！

这狂妄的女人真让人火大。

想尽办法也要让她开口……

把她的双脚放进火里去烤……

“快把你男人交出来！”

……少妇一言不发……

痛苦地扭动着身体……

骑士心想：

“没看见门口的家徽吗？竟然还当我是客人，这个蠢货。只要他还有一滴血，定会找我来报仇。”

贵族走了进来：

“您是做梦了吧。贵客啊，快请上餐桌……”

骑士来到餐桌前，坐在三名黑衣男子身旁。

孩子们谁也不做餐前祷告。

孩子们都瞪大眼睛紧盯着来客……

酒杯被倒满又溢出。

骑士一饮而尽，猛然站起身来。

“主人，立刻给我备床！我已疲惫不堪！”

仆人点燃提灯走在前面。

在门口一回头，
看到少年在父亲耳边窃窃私语……
骑士在仆人后面踉跄着走向塔楼的房间。

锁好房门，放好枪剑。
窗外是震耳欲聋的狂风暴雨。
床在摇晃，屋顶在呻吟。
楼梯吱嘎作响……脚步声越来越近……
似乎有人蹑手蹑脚走来？
耳朵无法正确判断……夜已过半。
眼睑沉重似灌了铅，骑士昏睡在床上。
窗外大雨倾盆。

梦境。
“快说！”
少妇一言不发。
“把你男人交出来！”
少妇一言不发。
死命地抓住女人。

双脚在赤红的火焰中痛苦地扭动。
熊熊烈火发出巨大的声响，
像是要把这男人吞噬……
“起床吧！已经过了您出发的时刻！天亮了！”
城堡的主人穿过侧门站在骑士床前。
昨夜那一头深棕色的卷发变得苍白。

两人骑着马并肩前行。今天如此云淡风轻。
路两旁的树枝顺势折倒。
早起的鸟儿在半睡半醒中鸣唱。
澄澈的蓝天缓缓飘过几片白云，
像是值完夜班的天使走在回家的路上。
黝黑的土地散发着沁人肺腑的芳香。
眼前的道路逐渐开阔。一位农夫在田里耕作。
骑士用戒备的眼神试探着说道：
主人，您是深谋远虑的智士。
深知我是最强国王的侍从。
告辞了。
今后恐怕再不会相见。

主人回答：

说什么最强国王的侍从！

昨晚我服侍万军之王才最是痛苦……

虐杀我妻子的男人苟延残喘……

可是，神却说：仇恨请留在我的手中。

——康拉德·费迪南德·迈耶[1]

16世纪，加尔文主义（又称新教、胡格诺教）在法国迅速传播，王权以惩办异端为名，囚禁大批胡格诺教徒，对其严刑拷打甚至虐杀。面对血腥镇压，加尔文派信徒（胡格诺派）没有屈服，而是在各地巩固组织，与旧教派对立。发展成持续三十年之久的宗教内乱（胡格诺战争，1562—1598，前后共发生八次战争）。胡格诺派是禁欲的福音主义、道德主义者，以生活简朴、高洁为荣，其戒律中禁止报仇等无谓的杀伤行为。

1　译自川手日语译文。

上面这首叙事诗，通过一个胡格诺贵族遭受苦难和迫害的故事，表达了高尚的人间情怀。

任凭双脚被炉火烤焦也守口如瓶保住丈夫性命的妻子；若干年后机缘巧合，城堡主人意外得到复仇机会，但他拼命压抑为妻报仇的想法，痛苦得一夜之间白了头发。胡格诺贵族与前文讲述的“芳一”虽然有着东西方人物性格的差异，但我认为，两者所表达的人性深处的思想是共通的。

第八节　辞 别

我与石勒苏益格-荷尔斯泰因的梦幻风景，即将迎来告别的时刻。北国大地也终于回暖，虽然还免不了阴天下雨，但近几天温暖的日子一直在持续。橡树和白桦树的枝叶愈发繁茂，绿树成荫，令人心旷神怡。

学年已接近尾声，就像这欣欣向荣的大自然一样，孩子们也焕发出令人难以置信的勃勃生机。尤其是那些即将走向社会的孩子，更是频频创造着奇迹。前几天，年龄最大的七个人登上舞台表演了席勒的长篇叙事诗《人质》，那气势磅礴的语言和驾驭语言的巧妙，可谓浑然天成。他们的茁壮成长，是最令我欣慰的事。

在这夏日节庆的气氛中，我在机构的工作即将结束，我的这篇报告也要画上句号。收到了多位读者的来信，在此表示感谢。在忙碌的工作中能坚持写到现在，都是孩子们的功劳。是他们给了我源源不断的动力，给了我刻骨铭心的经历，在此一并谢过。

另外，因为我们工作人员有保密义务，所以文中的人名均为化名或姓名首字母。望周知。

再见。

一九九一年七月一日

于布里斯托尔弗村阿里尔德之家

补 遗

1. 每天的生活

为了让读者对机构的生活有更清楚的了解，作为参考，记述以下内容。孩子们在这个机构里，同时从属于两个不同的“社会”：一个是学校，另一个是作为生活共同体的小组。这两者相当于通常情况下的“学校”和“家庭”。虽说从早到晚都在同一个校园里，但这两种生活并不会混为一谈。“学校”对孩子们来说永远是“公共场所”，而“小组”却是私生活的范畴。第四节“一对一课程记录”中也曾提到，孩子们在这两个场所、两个社会里表现出的状态截然不同。孩子们在“小组”里的样子，后面第二章中会有更详细的描述。

图13　鲁格之家

I 关于学校

7岁到19岁的孩子们按年龄段被分为八个班。

早晨九点，所有孩子在各自小组老师的带领下，到“鲁格之家”的大厅集合，围成一个大圆圈。一日之计在于晨，由若干老师出谋划策，共同商议决定早晨这重要的十五到二十分钟安排什么内容。有每周一首或每月几首的格言、诗歌朗诵，有弦乐演奏和部分孩子参加的笛子合奏，还有所有人都参加的应季歌曲大合唱。老师们的真挚与孩子们心灵的娇嫩完美地交织融合，让人不由得感叹:“啊！今天也是一个无可替代的美好日子。”回想以前，我作为实习生第一次来这里时，晨曲带给我的莫名感动至今记忆犹新——世上竟有如此美妙的时刻、愉悦的心情……老师弹奏的乐曲，侧耳倾听的孩子，大家合唱的歌声，齐声朗诵的诗句，都是那么美妙而深邃，令我难以忘怀。这里的每一个人，每天早晨都是这样净化了心灵之后，再开始新的一天。

晨曲结束后，孩子们由小组负责人交到各班班主任老师手中，前往位于不同建筑物里的教室。从这时起，他们的活动由私密空间转向公共场所。

一天的课程分为三节，九点三十分到十点五十分、十一点到十二点十五分、十五点三十分到十七点十五分，分为主要科目和专业科目。主要科目由班主任任教，在一定时间内围绕同一个课题进行。课题如历史、地方史、地理、植物、动物、物理、数学、语文等。专业科目有黏土、水彩画、纺织、合唱、笛子、竖琴、宗教等。此外，还设置有乐器的一对一课程，以及为每个孩子量身定制的个别治疗时间，即医生的诊断治疗、护士的药浴、包括我的言语疗法在内的各种艺术疗法。

Ⅱ关于共同体小组

所有孩子被分为八个小组。

埃泰恩[1]之家有三组（分别有十二人、九人、八人），斯卡巴[2]有两组（每组九人），塔斯卡维格[3]有两组（每组五人），“森林之家”有一组（十四人），每组都配备有若干名工作人员。通常包括经验丰富的治疗教育者一到三名（其中一人为小组负责人），以及将来会从事该职业的实习生或进修生二三名。每个组各有特色，有年龄比较大的男生组和女生组，有年龄小的男生组和女生组，还有年幼的女生组，以及不分年龄性别的混合组。根据各组特点分配合适的工作人员。每一组就是一个家庭，所有成员像家人一样，共同就寝、起床、用餐，有时周末一起出游。

---

1 埃泰恩（Ethaun），即Etain，凯尔特神话中的人物，因其美貌成为地下之神米迪尔（Midir）的妻子，但遭到米迪尔前妻法乌木那赫（Fuamnach）的嫉妒，被流放到一个水塘中，后来变成一只毛毛虫，又变成蝴蝶飞走。这里用作共同体小组的名称。

2 斯卡巴（Skarba），即Scarba，苏格兰北部地名。这里用作共同体小组的名称。

3 塔斯卡维格（Tarskavaig），苏格兰北部地名。这里用作共同体小组的名称。

图14　斯卡巴

图15　塔斯卡维格

小组工作人员，尤其是负责人，需要有强大的能量。他需要把因各种理由来到这里的孩子们凝聚成一个整体，不论发生什么事都必须迅速做出判断，所有判断都必须以促进孩子们健康成长为出发点。他们不仅有作为治疗教育者的丰富经验，而且还有丰富的人生阅历。此外，他们大多已婚，自己的家就在小组旁边。这几位“铁人”可谓机构的中流砥柱。孩子们对他们有深深的信赖，孩子们明朗的表情，机构整体平稳而充实的氛围，无一不源于他们的存在。

2. 机构的组成及各部职能

阿里尔德之家是私立教育机构（社团法人），但因其作为治疗教育机构赢得了石勒苏益格 - 荷尔斯泰因州的认可，所以经济状况比较好[1]。首先，学校的日常开支、员工工资等机构运营费用来自州文化部（相当于日本的文部省）的财政预算；孩子们的生活费来自社会保障部（相当于日本的厚生省）的财政预算。州文化部的预算根据机构实际需要，社会保障部拨给每个孩子每月三千五百马克（按一九九一年汇率相当于三十万日元）。

机构的土地和建筑物属于财团法人托尔马林。阿里尔德之家向托尔马林财团缴纳房租。

财团法人托尔马林作为治疗教育机构的前身，创

1　即便如此，为了对孩子们实施更理想的治疗教育，机构每年都会出现大额赤字，这些全仰仗社会各界的捐助来弥补。

建于第二次世界大战后不久。据说其经济基础的大部分来源于前任法人代表的私人财产。托尔马林财团除了阿里尔德之家以外，还拥有由此向西南一公里处的三宝·荷夫[1]农场的土地和建筑物。三宝·荷夫与阿里尔德之家风格不同，是另一所独立运营的社会治疗机构。从阿里尔德之家毕业的一部分孩子和工作人员一起在那里从事着农业工作。从阿里尔德之家去往三宝·荷夫途中，还有一个伊马特拉[2]工坊，也归托尔马林财团所有，但在这里进行的名为“伊尔玛利宁”[3]的纺织等社会教育活动属于三宝·荷夫（表2）。

阿里尔德之家有职员七十余名，其组织构成和人员分布如图表所示（表3）。表3中的1—5各部门分

1　三宝（Sampo），为芬兰民族史诗《卡勒瓦拉》中描述的神奇石磨，是由英雄铁匠伊尔玛利宁创造的北方国家波赫尤拉的宝贝。这个神磨能自动制造谷物、盐和金币，被视作生命和富饶之源。后来，神磨三宝被波赫尤拉的女王娄希推入大海，摔得粉碎，碎片萌发并成长为大麦、黑麦以及各种各样的植物。荷夫（Hof），为农场、农庄之意。

2　伊马特拉（Imatra），芬兰地名。这里用作工坊的名称。

3　伊尔玛利宁（Ilmarinen），一译易尔马里宁，芬兰民族史诗《卡勒瓦拉》中的英雄，他是一名铁匠，善于利用天气和火，锻造万物，受到人们的赞扬和爱戴。

别有自己的联系会制度，同时还召开各部门代表组成的机构会议（house conference）。

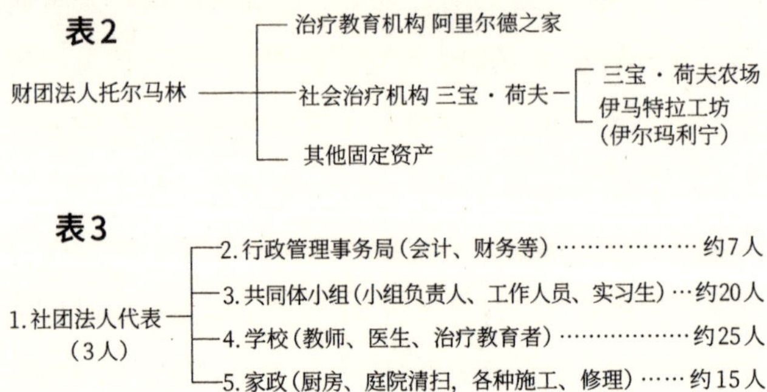

如上所述，工作人员比孩子的人数还多，不可思议的是，你根本感觉不到有那么多人在工作，反而孩子的人数显得很多。

这是因为，工作人员已经融入周围的环境，成为其中一个组成部分。而他们并非有意隐藏自己，只是这里的工作，你越是认真去做，环境就越有利于孩子们成长。工作人员和孩子们的关系并不像火车头和车厢那样，保护者牵着被保护者跑。而是工作人员营造出对孩子来说最理想的环境，然后自己融入这环境中，毫不张扬。

第二章

回想

我随着他们流泪而流泪，随着他们微笑而微笑，他们不知有世界、有斯坦兹，只知道跟我形影不离。他们的饮食就是我的饮食。我没有家园，没有朋友，没有仆人，只有他们。

——约翰·亨里希·裴斯泰洛齐《斯坦兹来信》

绪 言

地处北国的波罗的海，激起层层白色清冷的波浪，橡树茂盛的枝叶随风沙沙作响，一望无际的麦田中，小麦和黑麦尽情接受着阳光雨露……一闭上眼睛，就仿佛看到北德那梦幻般的风景，而在这风景中，孩子们的身影时隐时现，时而露出可爱的笑脸，时而用疑惑询问的目光注视着我。

曾经有一次，我从瑞士的苏黎世给我在阿里尔德之家的“家人”——“森林之家”小组的孩子们打国际电话，小组负责人英格里德把话筒逐一递给孩子。我本以为听到我久违的声音，他们一定会兴奋地说个不停，不承想他们不仅没有喧闹，反倒紧张得像石头一样，对我的问题能回答出“Ja，Ja（嗯，嗯）”，就已经是尽了最大努力了。这些对我来说无比珍贵的“石头”——宝石，将他们蕴藏在一声声“Ja”中的万千思绪，通过电话这无比神奇的线路，穿越几百公里，瞬间传到我的心中。

那之后的两年里，有时从其他欧洲国家，有时从东南亚的小岛，有时从东京，我时常给他们写信或打电话，说我将要去看望他们，令他们兴奋不已。但每一次，都发生了各种始料未及的事件，令我不得不食言，辜负孩子们的期待，一次次推迟去德国的时间。

将没有血缘关系并且人种、民族、成长环境截然不同的他们和我联结在一起的，大概是不平凡的相遇，以及先于相遇而存在的超越人类智慧的缘分吧。其中经纬，已在前文“布里斯托尔弗来信”[1]中提及。但此时，在分别几度春秋之后，我想重新记录和孩子们深入、亲密的心灵之交。因为，我身边的状况已经彻底改变，我结束了十二年的漂泊生活[2]，回到日本开始了治疗活动，所以我想把一直珍藏在内心深处，只对最亲密的朋友讲

1　见本书第一章。

2　作者在一九八二年到一九九三年间，曾在以瑞士为中心的欧洲国家以及东南亚生活。

过的，布里斯托尔弗的孩子们的“秘闻”公布于世，伴着对他们绵绵不尽的深爱和感谢之情，给那段生活画上句号。

之前的“布里斯托尔弗来信”，大部分是关于机构内学校课堂教学和一对一课程的经历，从某种意义上来说具有官方性质。另一方面，我与离开教室回到同一机构的共同体小组中的孩子们朝夕相处，对他们有了更深入的了解。虽说是在同一个机构内，但他们回到小组这个“家庭”后的状态与在学校时截然不同。与学校一课堂这种“外部”世界相对，小组是一种家庭式私生活的“内部”世界。我想对“体验报告”进一步挖掘，做一个“灵魂报告”。

一九九三年　秋

第一节　来到机构的孩子们

来机构的孩子，即通常被称为残障儿的孩子们——唐氏综合征、自闭症、癫痫等，还有情绪不稳定、不良少年、盗窃成性的孩子等[1]，其中很多都是走遍各种机构、医院后最终来到阿里尔德之家的。

只要条件允许，机构会在亲子同席座谈后接收7岁到21岁的孩子。这次座谈，对今后建立“机构—孩子—家长”三者的关系起着举足轻重的作用。这是因为，即使经由通过机构细致地治疗和教育，几个月内孩子有了惊人的进步，如果那之后有机会回家，如果父母在身心两方面娇惯纵容孩子，那么短短几天，就足可以使机构的努力前功尽弃。相反，如果机构和家庭配合得

1　关于各案例，详见后文。

好，孩子就能取得迅速而扎实的进步。只不过令人遗憾的是，后者的例子不多。从某种程度上来说，这在教育初期是难以避免的。因为，父母娇惯孩子是天经地义的亲情表达，更何况是有重度残障的孩子，好几个月才回家一次，想尽办法满足孩子也是人之常情。只是这亲情往往会使家长不冷静，无法客观地判断现在对这个孩子来说什么是必要的，该给他什么，不该给他什么；而是倾向于满足他的一时之欲。

让孩子看电视，看录像。

甜食、美味佳肴想吃多少就吃多少。

给孩子买很大的动物毛绒玩具。

以上可称为周末回家的“三毒”。也许大家会认为这没什么大不了的，其实会给孩子的心灵造成很大影响。

这些孩子的感受性比普通孩子细腻得多，电视、录像等强烈的感官刺激，会彻底麻痹他们的感官，使他们精神涣散。

他们本来抵抗力就弱，而甜点里含有的白砂糖以及各类添加剂，会进一步侵蚀他们的身体，即破坏牙齿和骨骼、削弱内脏功能、污染血液。一旦牙齿和骨骼开始损坏、内脏功能衰退，人就会持续性疲劳、意志消沉、思维活动停滞、语言杂乱无章。并且，血液污染还会造成人的自我意识的堕落。

某些玩具也会对孩子造成很大影响。例如，动物毛绒玩具有时会激起沉睡在他们心中的动物性，妨碍他们精神上的进步。我们应该去唤醒的，是高层次的人性、意志力，而非低层次的兽性。这两者当中，把哪一个当作目标去培养，直接决定着孩子们的未来。

关于第三点，我想更具体地说明一下。

奥利弗（曾在前章第四节出现）是个大高个儿男孩，四肢很长，可以轻而易举地从宽大的餐桌对面够到我的盘子。

有一次，他回家过完周末后，被父亲送回学校，怀里抱着一个和自己差不多大的玩具猴子。英格里德（前文曾经出现，是奥利弗所在小组的负责人）从远处看到他们，立刻快步跑上前，趁其他孩子还没看见，坚决要求他父亲把玩具带回去处理掉。

因为她很清楚，如果奥利弗把玩具带进小组会发生什么。

刚才说过，奥利弗四肢很长，即使自己想要的东西放得远，他也一伸手就能够到。其他孩子看到这情景就会说："奥利弗像猴子一样。"当然并没有恶意。如果仅仅是这样一句话也不会对奥利弗产生太大影响。但是，如果这时玩具猴子出现，玩具猴子很快就会成为奥利弗的分身，发挥它的效力。孩子们恐怕不再说"奥利弗像猴子一样"而会说"奥利弗就是猴子"！奥利弗本人也会渐渐觉得自己像猴子。因为在他身边，一直有一个猴子的分身。如果是健全的孩子，他会说："哼！我才不是猴子呢！"但是，有残障的孩子，自从来到这个世上，就不断遭受歧视，处于弱者的地位，被当作有缺陷的人来对待。而且，他们超乎常人的细腻的感受性会将以上恶劣影响放大，误解、误认自己，把自己看得低人一等。

当被别人说"你是猴子"时，他就会毫不怀疑地接受："哦，原来我是猴子。"

我现在并不是要贬低生活在自然界的动物们。我说的是潜在于人们内心深处的低层次的动物性、兽性。当然，兽性未必一定是“恶”，但它应该受到人的控制。动物性、兽性也可以用“欲望”一词来表达。当然无论是谁都有欲望。欲望是人的本能，但不能对其放任自流。贪婪、狡猾、怯懦、欺瞒、残暴等等，这么多野兽、幻兽虎视眈眈正要袭击孩子们的灵魂。

上面列举的仅仅是一部分，事实上，在生活的各个方面，他们纯洁无垢的灵魂随时面临堕落的危险。我们无法永远将他们与诱惑隔离，也不应该这样做。但是，在他们具备足以抗拒诱惑的能力之前，需要周围的大人们施以比对健全儿更慎重的教育和养护。为此，机构工作人员与家长之间周密的协作必不可少。以入学时的座谈为起点，每当发生什么事情，我们都会及时与家长沟通，尽最大可能给孩子最理想的“心灵的保护”。

第二节　我与“森林之家”的孩子们

如果大家要去布里斯托尔弗村，请选择经由法兰克福（或苏黎世，或巴黎）飞往汉堡的航班。或是从法兰克福乘坐德国国有铁路“城际特快”列车到汉堡中央站。从汉堡到吕贝克可乘坐乡间电车。然后从吕贝克站前乘上出租车，对司机说“请送我去‘儿童之家’”，他就明白是要去布里斯托尔弗村的阿里尔德之家了。离开建立在沙洲上因汉萨同盟而闻名的古城吕贝克，出租车沿着易北—吕贝克运河一路南下，沿途的风景很快变成树林和牧场。如果司机心情好，会用英语或德语跟乘客聊天。

“您是日本人还是中国人？”

“我是日本人。”

“是从东京来的吗？还是大阪？”

图16　森林之家

“不，我从瑞士巴塞尔来。”（我总是这样回答，让司机惊讶不已。）

一边欣赏着窗外的景色，一边和司机闲聊，不一会儿就到了“儿童之家”。如果事先联系过，应该会有人出来迎接。

“欢迎来到阿里尔德之家。您喝点什么？”

坐在本部楼食堂朝南的露台上，喝着混合药草茶润喉暖身，思绪沉浸在长途跋涉后终于抵达目的地的感慨之中。

露台的左手边，也就是东面，延伸着茂密的杂树林。我们的“森林之家”就位于树林入口处。走，我们过去看看。

黄昏时分，“森林之家”宁静地伫立在小溪的潺潺流水和渐渐平静下来的鸟鸣声中。晚饭前的这个时间，孩子们一定在帮忙做家务。

一进玄关，就看见安德烈系着围裙，在给大家擦鞋。这个孩子非常善良，性格温和，听力很好，有音乐和语言天赋，擅长拉小提琴，经常在晨会上给大家的合唱伴奏。

他发现我走进来，一对大耳朵好像更大了，大声叫道:“川……川……川手老师！”

“安德烈，你好吗？小提琴拉得怎么样了？”

“嗯，我每天都练，因为我是音乐家嘛！”(他充满自豪地说着，可爱极了。)

“你总是这么干劲十足！”

“谢谢，川手老师，您的鞋也交给我来擦擦吧。”

“不，不用了。我呀，喜欢自己擦鞋。但还是要谢谢你的一番好意。”（拒绝别人的好意时一定要说明理由并表示感谢。）

和安德烈打过招呼后，我登上左手边的楼梯。门里面传来欢笑声和吵闹声。

“亨利，那是我的玩具！”

“不对，这是我妈妈带给我的，你不许碰！”

“啊，好疼！你竟然打我，亨利！”

打开门，他们正打得起劲。其他孩子对此漠不关心，都专心玩着自己的游戏。

我一把抓住亨利抬起的要打人的手。

“亨利，别打了。”

“啊，川手老师。不是我的错，是奥利弗要抢我的玩具。”

“不管怎么说，打人都是不对的，快住手！”

“讨厌！”

“说什么呢，快住手！”

我抓着亨利的手又加了把劲儿，亨利痛得叫出声来。

“老师，你干什么！我要告诉我妈妈！”

我也变了脸色。

“你说什么？要告诉你妈妈？行，只要你愿意，想怎么告都行！”

我盯着亨利的眼睛，同时为了不让他的视线移开，不停地对他说：

“听好了，亨利，你妈妈根本就不在乎你。这一点你自己最清楚。你明明知道还说什么要告诉妈妈。你以为告诉妈妈她就能赶过来帮你吗？别做梦了！你的家在这儿，在‘森林之家’！你的妈妈不是F夫人，是这里的负责人英格里德夫人！”

亨利哭着挣脱我的手，飞跑进自己的房间。我把想说的说了个痛快，长长地出了一口气。再一看，其他孩子不知什么时候都停止了游戏，好像时间一下子凝固了一样，呆立在那儿看着我。

“你们都怎么了？这么久没见，怎么都不欢迎我？”

经我这一说，孩子们好像被解除了魔咒，争先恐后地跑到我身边。

“川手老师，你什么时候来的？”

小一点的孩子靠着我的腿问道。

“川手老师，你吓了我们一跳！”

年长的大高个儿们俯视着我说。

☆

感谢大家能有耐心听完我的回忆幻想曲。接下来，我们将正式进入他们的生活。

通常情况下，像我这样负责某一特定领域的治疗教育者，与孩子们在机构的日常生活没有太多交集。个别治疗是一项很艰苦的工作，即便如此，与公私两方面都需要对孩子全权负责的小组负责人相比，还算是比较“轻松的职业”。

随着我在机构的日子增多，我越来越想尽可能多地了解、理解孩子们。首先，我每周一组，轮流跟每个小组的孩子们共进午餐。看到那些平时在课堂上一言不发的孩子，吃饭时跟同伴们谈笑风生的情景，我不禁大吃一惊。还有的孩子在班级里粗暴无礼，让老师头疼，回到小组里却是温和体贴的另一副面孔。

这些仅仅是开始，只不过是午饭时的一个片段而已。

我把所有的小组转了个遍，最终决定在“森林之家”落脚。

说不清为什么，我觉得跟这里的孩子们很投缘。这种经历，机构的其他同事或多或少也有过，跟某个孩子，或某个小组的孩子们，就像是被命运的红线牵到了一起似的，相遇，然后一起生活。这种感情，与一般的家人、恋人之间的感情不同。它更透彻，更坚固，像一颗被打磨得晶莹剔透的水晶。

我和“森林之家”的孩子们共进一日三餐，尽可能增加与他们共处的时间。晚上只要没有其他工作，孩子们做完睡前祷告到上床睡觉这段时间，我都会陪在他们身边。渐渐地，我接触到他们最真实的状态。

下面逐一介绍一下这些孩子。首先登场的是所有孩子当中，我最喜欢的汉斯 · 尤尔根。

1. 汉斯 · 尤尔根 · M

第一次见到他时，他一脸雀斑，那股天真劲儿，让我不禁想起一部著名冒险小说中的主人公。他在小组里年龄第三小。我对他有一种说不出缘由的偏爱，无论他搞什么恶作剧，我都不认为是他的错。虽然我也批评他，责备他，但在内心里总觉得他很可爱。他在学校的课堂上特别没礼貌，总是惹老师生气，但我不认为他有错，反而认为对他那样发脾气效果适得其反。——关于这一点，小组负责人英格里德和我观点一致。如果知道了他的身世，你就会明白，对他不能轻易发火。

他生在一个没有父亲的家庭，出生后不久就被送到了福利院，后来被一个家庭收养直至今日。在福利院长大并没有什么不好，问题在于他胎儿时期母亲的酒精中毒。

孩子从胎儿时期起，就能感受到母亲的所有行为；不仅感受到行为，还能同时感受到母亲的内心世界。酒精和药物的毒性，即使不足以影响胎儿的肉体，或者说它们的毒性能够解除，但是，母亲逃避现实、沉溺于酒精或毒品的内心情感和伦理观，也会给孩子的心灵留下深深的烙印，孩子出生后，就会在他的各种行为中表现出来。言语行动上的缺陷表现得较早，盗窃等犯罪行为表现得较晚。

完全没有罪恶感的盗窃行为，很多都源于胎儿时期父母的行为和感情生活。除了酒精依赖症，父母之间的夫妻关系不和也会对胎儿产生重大影响。我们看到有盗癖的孩子，通常不会想到将其原因追溯到出生前。要想真正查明因果关系，必须以专业知识为背景，通过对人物深入敏锐地洞察才有可能实现。

在母亲体内，孩子感觉到本应该倾注给自己的爱被分散到其他事物上，就会萌生一种意识：既然无法得到肉眼看不到的东西（关爱），至少要把实物据为己有。在田园牧歌式的理想环境下长大的人，只在知识的世界里想把一切据为己有（求知欲），相反，在物质世界，很容易满足于现状；而缺少关爱的孩子，时刻都被一种摆脱不了的念头纠缠，想把眼前的东西据为己有。如果是眼睛看不到的精神世界的果实，无论摘下多少吃掉，谁都不会指责他，相反还会赞扬他是爱学习的好孩子。但是，如果摘下别人家的柿子吃了，那就是小偷，就会被贴上“少年犯”的标签。

汉斯·尤尔根也有盗癖。他床底下藏着各式各样的东西，有从伙伴手里抢来的玩具、零钱，还有折弯了的钉子、干枯的树枝。在这里，耐人寻味的是，他完全看不出钱和锈迹斑斑的钉子有价值上的差异[1]。他也不觉得自己做了坏事。对他来说，收集身边的各种物品，是为了弥补缺失母爱的必不可少的行为。

考虑到以上这些，就会明白责骂他没有任何意义。并且对他来说，朋友的玩具汽车和木棒，并不能满足他对爱的渴望，这一点也不说自明。他需要的是来自于周围人的关爱。我们必须向他倾注满腔的爱。

大一点的孩子们睡的是狭窄局促的双层床，而我们给汉斯·尤尔根准备的是“森林之家”最高层、最明亮的房间，给了他属于自己的床铺。屋顶上开有天窗，夜晚能看到星星在眨眼。睡前祷告结束后，孩子们上床，英格里德和我跟每一个孩子道晚安。一边说“晚安”一边跟他们握手，对小一点的孩子则抱抱他们的头。而对汉斯·尤尔根，我总是会花更多的时间，跟他说一会儿话。尽量让他回顾这一天发生的开心的事，然后也说一点点不好的事。努力引导他，让他明白：偷别人的东西没有任何意义，这世上有很多更美好、更重要的事情。

1　虽然与一般常识性的价值观不一致，但很多情况下，他们收集物品的种类存在某种倾向，如只喜欢商品目录、广告传单等。

说完后，我会轻轻地抱抱他（这时他会用惊人的力气紧紧抱住我），给他盖好被子，悄悄离开他的房间。对我来说，这也是向一天告别的重要仪式。

2. 扬 · 马丁 · S

接下来出场的是自闭症男孩扬 · 马丁。首先，关于自闭症，我想就以下几点和大家达成共识。

在日本，“自闭症的孩子”和“自闭性的孩子”往往会被混为一谈，其实自闭症患儿未必表现出自闭性。例如扬 · 马丁，他经常和大人们说话（不过仅限于他信任的人），平常的行为举动也很阳光，并不是人们所说的那种“自闭”。

这一病症，是在第二次世界大战时期，由美国的肯纳（Kanner）和奥地利的阿斯伯格（Asperger）几乎同时发现的。下面以肯纳的研究成果为依据，列举自闭症的两个基本症状。

其一，对包含家人在内的人际关系有强烈的自闭倾向，把他人当作物体而非人来对待。因此会出现无目光对视，对问话没有反应等表现。但这些并不是通常所说的情绪性抵触行为，而是非常机械的、非情绪性的行为。

其二，执拗地坚持空间、时间的秩序性。当地点、状况发生改变时表现出极端反应，或是采取一些维持、强化秩序的行动。即维持左右对称性、整理物品的位置、一直待在封闭的场所或圆环内，等等。

除了以上两点基本症状，有些自闭症患儿在某个特定领域有着非常（或者说异常）卓越的才能。扬·马丁就是其一。

他能分辨各种鸟的叫声。星期天，全组一起出去散步，扬·马丁靠近我的身旁说：

“川手老师，你听，从池塘那边传来了鹭鸶的叫声，它好像发现鱼了。啊！刚才这个叫声是对面树林里的乌鸫在唱歌。它一定是有什么高兴事！”

听他说着这些话，连我都觉得欢欣雀跃。

“扬·马丁，有没有老鹰，我想看大鸟。”

他特别喜欢老鹰、大雕这类体型大又有力量的猛禽。

“老师，很遗憾，老鹰今天是不会来了。但是，嗯？等一下……嗯，老鹰虽然不来，但是秃鹰要来！要来袭击我们了！嗨嗨嗨，嗨嗨嗨，嗨嗨嗨……”

扬·马丁使出吃奶的劲儿抓住我的胳膊，想吓唬我。

我说：“快……快放手！扬·马丁，我的胳膊要折了。”

偶尔他也会做出这样不靠谱的事来，但大多时候是个安安静静的男孩。

……

夏天临近，扬·马丁有了很大变化。

午饭后的休息时间，大家都在玩投接球游戏，而他总是远远地看着，一边侧耳倾听鸟儿的叫声。

但令人吃惊的是，这一天他竟然主动想要玩球，跟其他孩子抢了起来。像鸟一样啪嗒啪嗒拍打着双臂的样子和往常一样，动作很生硬，所以总也接不住球，尽管如此，他还是玩得很投入。

看到这情景，英格里德露出万分感慨的神情。因为，从马丁还很小的时候起，是她一直凭着强大的耐心和爱心照顾他，看着他一点点成长起来的。

团体游戏中必不可少的是，主动想与非特定的他人交往的意愿。而投球游戏，是衡量与他人沟通能力的一种象征性行为。并且，与多人共同进行的游戏，未必出现预计的结果，而是会接连不断地发生意外性、突发性事件。扬·马丁就这样不知不觉地从自闭症特征中解脱出来。

通常情况下，身体上、感觉上的超常能力，无论是臂力、听力，还是千里眼，一般都有与理解力、想象力和社会性成反比的倾向。人类牺牲了高度敏锐的感受能力，作为代偿，培养起对事物的理解力、记忆力，以及再现记忆的表达力，还有自由组合素材进行创新想象的能力，并把这些能力运用于与人协作和社会生活中。

但是，我们的扬·马丁，在不牺牲优秀感官能力的前提下，开始培养起想象力和社会性。这都是以英格里德为代表的马丁身边的工作人员和他自身努力的成果。“思考之鹰”诞生了。

3. 语言与形式

我又想起了曾在布里斯托尔弗来信中，多次出场的奥利弗。

在一对一治疗记录中，我记述过让他抄写诗歌的事。他所犯的典型书写错误是把“d”写成“b”。像这种俗称“镜面字”的现象，不仅奥利弗，在很多孩子身上都可以看到。近年来，在被称作“失读症”的部分学习能力发育迟缓的孩子中也是一个很明显的症状。各位读者是否也有类似的经历呢？比如说出现过以下错误。

ま→ま

す→す

我记得很清楚，刚开始学写平假名的时候，我总是把“ひ”写成“Ω”。我知道正确的写法是“ひ”，但就是觉得那样写不舒服。而写成“Ω”，让我感觉字很稳固，很安心。这到底是为什么？

通常，我们在考虑文字的“意义”之前，首先感受到的是它的“字形”。看到别人写的字，我们会觉得“写得真漂亮”或“写得很潦草”，也是同样道理。如果仅仅是传情达意就可以的话，就无所谓字的好坏了。

人在写字、阅读的时候，在他的内部究竟发生了什么？

比如说，我们分析一下“〇”和“＋”这两个图形。在此，我并不想得出结论说“‘〇’和‘＋’与每个人幼儿时的经历紧密相连，每当看到这个图形就会想起以前的经历”什么的。我想思考的是，超越个人体验之上的人类共通的生命现象。

我所能想到的是以下生命现象。

（1）通过眼球、视神经直接[1]把图形作为图像来捕捉。

（2）用眼睛或身体的动作描出图形的形状。感受到线条的方向性。

1　虽说是直接，实际上图形先是上下颠倒映射在视网膜，然后通过视神经再次颠倒，恢复原来的状态。关于以上现象与失读症的关系，沃尔特·霍尔扎普费尔（Walter Holtzapfel）有令人瞩目的研究成果。Seelenpflege-bedürftige Kinder I/Walter Holtzapfel/Philosophisch-Anthroposophischer Verlag am Goetheanum/Schweiz.

（3）图形以它本身的力和能量作用于人的身体。

以上这些生命现象的结果是，我们心中涌起某种特定的感情，通常我们很容易把这种感情归结为前面提到过的个人体验。例如，基督教徒面对十字架的“十”就会产生虔诚敬仰的心情，而且这种情况的确很常见。

但是，比如说“○”，在日本，“○”代表“正确”“恰当”的意思，“×”代表“错误”的意思；而在美国，至少在以前我生活过的北达科他州，则完全相反，“○”是“错误”，“+”是“正确”的意思。“○”又给美国人和日本人一种共同的印象。这一点无法归结为幼儿体验。

如果说某种特定的形式可能会给人体带来影响的话，“F”和“ꟻ”，“ひ”和“Ω”，也应该有其固有的作用，正在学写字的孩子如果有把“F”写成“ꟻ”、把“U”写成“∩”的倾向，那么很明显，一定存在某种问题，不是用一句“写错了”就能解释过去的。

就我来说，我觉得“ひ”的字形极其不自然，而“Ω”则稳重得多，看起来也美观。颇有意思的是，我没犯过“[illegible]”“[illegible]”这样的错误。如果我生长在使用字母文字的国家，估计会出这样的错：

U → ∩

W → M

V → Λ

而不会出这样的错：

F → ꟻ

P → ꟼ

书写错误的方向性暗示了这个孩子内心的渴望、要求的倾向性。

例如像我这样，喜欢把文字颠倒过来追求稳定性的孩子，往往伴随着内心的不安。

也许读者会说：以上理论不还是把图形和个人体验联系在一起了吗？其实不然。

“ひ”或“Ω”本身所具有的力量没有改变。而且我也并没有将“Ω”与我幼时的体验联系在一起。我想说的是，我当时的心理与“ひ”这一形式不吻合，而与“Ω”这一形式内在的声响发生了共鸣。

那么，左右翻转写镜面字的孩子，又有怎样的心理

倾向呢？

4. 奥利弗·M

下面，我们再将话题转回到奥利弗。

他经常犯的书写错误是把“d”写成“b”。准确地说，因为是手写体，所以实际上是把 写成 。

文章从左向右流畅地书写，而“d”就像是将流淌的文字阻塞住了似的，有一小段是从右向左反着写的。

对奥利弗来说，这简直无法忍受。他想快点写下去，于是一不留神就写成了下面这样。

更细致观察，可以发现即使是“b”，对最后稍微有点往回写的部分，他仍颇有抵触。写 时，最后一笔本应往回收，但他没收到底就着急往下写，写成[illegible]。

就方向性来说，与“d”相比，“b”毕竟是向右写的，所以对他来说要好写得多。

奥利弗的自我意识像是被一层帷幔遮挡，他无法正确反思自己的行为。他的身体不断发育长大，在小组里个头最高，但他自己好像并没意识到这一点。看他的所作所为，就像是一个只有他一半身高的孩子。

有一个周末，其他孩子都回家了，只有奥利弗留在“森林之家”。在英格里德的提议下，我们带着奥利弗去东海（波罗的海）兜风。英格里德、皮特尔、“森林之家”的另一位工作人员马尔克斯，还有我，我们四个人陪伴在奥利弗身边。

虽然事先并没具体商量过，但英格里德的意图，大家都心知肚明。给奥利弗最多的宠爱，实际上是想给他提供一个反省自我的机会。

能独自享受和最喜欢的四个老师在一起的时光，奥利弗喜出望外。这是一个晴朗的初夏早晨，面包车扬起一片轻尘，驶离布里斯托尔弗村。

首先，我们沿着运河向北，一路开到河口，在吕贝克港稍事休息，逛了逛路边卖三明治的小店。这里的三明治是用硬面包夹着鲱鱼、鱼子或鱼子酱做成的，我们只问了问价钱，就又重新出发了。海面在太阳照射下熠熠生辉，我们沿着海岸线不断前进。随着太阳升高，海面越发闪亮。期盼已久的夏天才刚刚露头，就已经有人迫不及待地躺在岸边沐浴日光了。还有些人搬出箱型连椅优雅地读着书。箱型连椅，想必各位在一些西方老电影里见到过。椅子的后面连着衣柜，又方便又华贵。

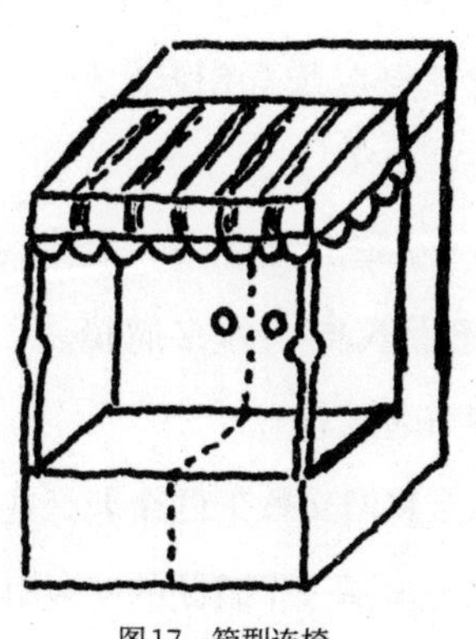

图17　箱型连椅

我们也来到海边散步，晒太阳，享受着初夏午后悠闲的时光。马尔克斯一步不离陪伴在奥利弗左右，注意着他的一举一动。在照顾孩子方面，马尔克斯可谓天下第一高手。平常需要同时照顾好几个孩子，而今天只有奥利弗一个人，所以他充分发挥着自己的特长，奥利弗也特别听话。无论什么事都豁出时间，有条不紊、不慌不忙地去做……

奥利弗："啊！小石子又进鞋里了！"

马尔克斯："别那么夸张，奥利弗，来，到树荫这儿来，脱下鞋把石子倒出来。"

他俩的对话就像是说相声一样，一个捧哏一个逗哏。怎么上车，在车上怎么坐，怎么下车，怎么整理凌乱的衣服……每一处细节，马尔克斯都非常细致又温和地手把手教奥利弗，做错了也不生气，不唠叨，满怀爱意和耐心……

傍晚时分，我们又开车行驶了一会儿，来到一家白色砖墙砌成的格调高雅的餐厅。不用说，平台的另一面，是一望无际的大海。

进入餐厅之前，马尔克斯照例帮奥利弗整理衣装。

把衬衫平整地掖进裤子，把头发梳得一丝不乱，清理鞋上的泥沙，做全了礼数之后，才打开餐厅大门。

在德国，总让我感觉由衷敬佩的是，无论多么重度残障的孩子，无论多少人一起来，餐厅和咖啡厅的店员都会彬彬有礼地接待，与对其他客人绝无二致。并且，那并不是特意做出来的“平等”，真的是没有任何“特殊对待”。如果孩子们在店里大吵大闹，店员中的“女杰”就会像对自己的孩子一样批评他们。今天奥利弗被店员们当作绅士来对待，他又高兴又害羞。久违的休息日，点自己最喜欢的菜，听川手老师讲平时很难听到的日本的事情，想问什么随便问，老师也不生气，奥利弗享受着他的悠闲假期。

享用着美味的海鲜和甜点，我们几个人相谈甚欢。明天开始又要和其他孩子一起生活了，虽然也很快乐，但是集体生活毕竟有它严格的一面。细致入微地照料奥利弗的马尔克斯，明天起就不能只管他一个人了。所以，我们四个大人都希望奥利弗能充分享受这初夏一天里所剩不多的时光。

5. 感情的过度流失与歇斯底里

乍一听“歇斯底里”，人们通常会联想到因性的过度压抑而引起的病态的极度兴奋——比如说遭受丈夫虐待的妻子突然发作。其实这种病在青春期之前，即性成熟之前的孩子中就有，甚至在幼儿当中也存在。当然，孩子的歇斯底里和上面说的成年人的性压抑不同。严密地说，歇斯底里并不是归纳了各种表面症状的总称，而是指心理内在的原因，或者说人的内在精神状态。

对于疾病，人们往往会专注于其表面症状而忽略了本质。比如说，同样是肚子疼，阑尾炎和卡他性肠炎，无论是病因还是治疗方法都截然不同。还有，高血压和低血压这两种看似完全相反的症状，其实原因是一样的，只不过因为体质的差异而以不同的形式表现出来。

“歇斯底里”，指的是人的内心感觉、感情生活极度敏锐的状态。歇斯底里的孩子，在治疗教育者看来，他们的心灵一直赤裸裸地暴露在外。

这些孩子时刻有一种担心自己受伤害的不安，当这种不安超过某个临界点时，为了摆脱不安，他们甚至会阻止自己去想引起这不安的原因，比如说即将去郊游或有其他活动。然而这种做法会在他们心里留下不明原因的芥蒂，而且越积越多，多年以后会成为严重的心理障碍。

另外，有些夜尿症也起因于歇斯底里[1]。

有的孩子感情方面过于敏锐，对外界刺激毫不设防地全盘接受，然后再拼命阻挡由此带来的内心痛苦。当痛苦越来越强烈以至于无法承受时，就会以某种形式来发泄、净化自我。但是又不能明目张胆地去做，因为那样只会加重痛苦的程度……当然，尿了床第二天一早就会被发现，会被妈妈批评，但至少尿床的那一刻是没人知道的。并且，通常妈妈也不会告诉别人，尿床被当作母子之间的秘密，甚至能让人感到一丝怀念。

那么，我们能为他们做什么呢？

同样，对歇斯底里的孩子来说，首先周围人的善

1　如同前文所述症状与原因的关系，夜尿症的孩子并不都是歇斯底里，歇斯底里的孩子也未必都患夜尿症。

良、温和必不可少。不仅仅是拥抱、抚摩就可以了。需要抚摩的不是他们的身体，而是他们的心灵。为此，陪着一起做他们想做的事，分享他们的感受，这才是真正的心灵的爱抚。

下面我想请“森林之家”的尼克上场，对歇斯底里症的治疗方法做更具体的考察。

6. 尼克 · L

尼克的特点是，对别人的情绪感同身受，全盘接收。同一个房间里，如果有哪个孩子伤心，他也会无缘无故地跟着难过；如果有哪个孩子生气，他也会跟着火冒三丈。因为他很容易受别人影响，所以对他的交友情况需要格外重视。也就是说，他是“近朱者赤，近墨者黑”的典型例子，跟坏孩子在一起就学坏，跟懒汉在一起就学懒。

在教室里也一样，如果有两三个孩子觉得上课无聊，他明明没有任何不满，也会突然大喊：“这个课怎么这么没意思啊！”

相反，如果其他孩子课上得津津有味，他就会突然跑上讲台，眼睛炯炯有神地说：“今天的课太精彩了！”

所以，逐步减轻他对周围状况的反应程度，是我们所面对的课题。

在“森林之家”的工作人员中，小组负责人英格里德的丈夫——皮特尔是研究歇斯底里症的专家，他很喜欢尼克。实际上，皮特尔从小就有歇斯底里的倾向，但他凭借自己的努力战胜了病魔，所以他看到尼克也许想起了童年时的自己吧。吃饭的时候，他一定会找尼克聊天，留意不让教室里的经历过多滞留在他的心里。

“尼克，你觉不觉得今天早上的叙事诗课特别有意思，特别精彩？”

“地方史有点难，但是能上那么难的课，你小子挺厉害呀……”

在大家面前，皮特尔用幽默的话语，把尼克内心的情感一点一点舒散出来。不一会儿，尼克主动诉说起自己的感受：“我今天特别难过。”问他为什么难过，他说自己也不清楚。可能是因为在教室时，坐在旁边的安德烈被老师批评了。

“哎呀，尼克，你竟然为这点小事难过，安德烈挨批评又不是一天两天了。”皮特尔话音刚落，大家哄堂大笑，尼克的烦恼消散在这笑声里，人又有了精神。

皮特尔一次又一次用这种看似不经意的对话，给尼克那如同蜻蛉一般纤细易受伤的感受性的触角增强了抵抗力。

以上讲的这种教育方式，在人数较少、人员构成固定、难有外界气息进入的一般家庭很难实现，但在大家庭式的共同体生活中，则有可能慢慢推进。

尤其是像我们这种教育机构，生活着各种不同类型的孩子，每个孩子随时都能看到和自己性格、能力截然不同的伙伴，仅仅这一事实本身，就已经有很大的治愈效果了。

唐氏综合征的孩子可以跟自闭症等多种类型的孩子友好地互帮互助；对歇斯底里的孩子来说，癫痫症孩子的存在具有重大意义。完完全全封闭在自己的世界里，这种孩子的存在对于歇斯底里症的孩子来说简直就是不可思议，但让他认识到这种生存方式的可能性，这一点本身就很重要。自己的心情一会儿随着寂寞的人一起寂寞，一会儿又跟着快乐的人一起快乐。世界上竟然还有对外界的任何事情都毫不关心的人，当他知道了这些，就有可能从他们的生存方式中学到些什么[1]。

7. 与歇斯底里分处两个极端的癫痫

接下来，我想就歇斯底里和癫痫的相对性略作考察，同时将话题的中心转移到癫痫。

人类有肢体这一物质性的“表面”，和内心这一非物质性的（有机的）“里面”，或者说至少可以这样假定。（图18的A）

刚才，我把内心称为“里面”，这个“里面”首先通过感觉器官，然后作为情感生活的一部分越过肢体的边界表现出来。（图18的B）

歇斯底里的孩子，内心情感的流露过于强烈，这一点前文已有论述。用图来表达的话就是图18的C。他纤

1　与此相反，还有一种方法是，通过让相同症状的孩子交往，帮他们弥补共同缺少的部分。

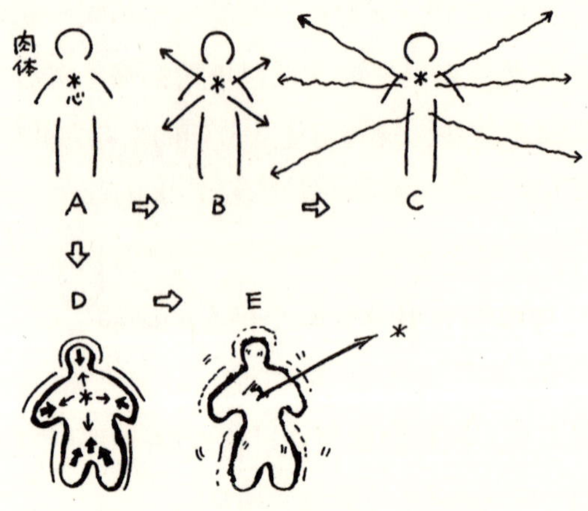

图18　分处两个极端的歇斯底里和癫痫

细敏感的感受性的触手就像猫的胡须一样，或者说像小虫的触角一样向外伸展。

另一方面，癫痫的孩子大多不向外界表露自己的内心，就像用甲胄把身体紧紧地裹住。

人类只有把以感情为代表的内心世界的一部分表露出来，才能保持内外的平衡。但是，癫痫患儿向内压抑的力量太强，一些不必要的因素积存在体内，渐渐出现不适感。在典型的癫痫发作的几小时或几天前，就开始出现的恶心难受等“前驱症状”，产生于上述状态下自己和周围环境的不协调。这种现象类似于晕车晕船，身体组织的节奏和外界的节奏（晕车晕船时，车船行驶时的节奏）不协调，也就是由内外失衡所引起。它让人产生呕吐感，想把体内的异物吐出，实际上，即使把能吐的都吐出来了，仍然无法达到平衡，就像被关在车船里逃不出去，痛苦地挣扎。这对应“痉挛期”。最终，从车窗逃脱，即逃离现在自己所处的身体、意识状态（图18的E），出现“意识的丧失”，发展为“发作后期”的昏睡状态。

这时，心灵得以从肉体中解脱，这对癫痫患儿来说，从某种意义上来说是无比幸福的时刻。因为心灵摆脱肉体的桎梏获得了自由……既然感觉“无比幸福”，当然想一直留在那个世界。但是，那对他们来说意味着“生命危险”的到来，我们必须叫醒他们。

幸运的是，癫痫患儿大多都能恢复意识。但不知道什么时候还会再次发作。存在于他们内心的潜意识仿佛在期待“幸福”等同于“生命危险”的时刻再次降临。

这时，我们的责任是，为他们创造一个良好的环境，让他们发现存在于这个现实世界的意义。换句话说，是为他们准备一个场所，让他们相信“活在这个世上也很快乐”。

并且，治疗教育者自身甚至也可以成为环境、场所的一部分。身边有一个值得信赖的人，这一点，对这些孩子来说有着不可估量的重大意义。这时的治疗者对孩子来说，有可能成为“能活下去的最后一个理由”。

我之所以选择癫痫作为“回想”部分的结束，是因为让我下定决心把“治疗教育”作为我毕生事业的两次经历，都是癫痫患儿格茨给我的。我和格茨的事情迄今为止，只对最亲密的朋友说起过，因为我知道，即使对其他人讲了，也没有人会相信我。时隔三年，对那件事，我已经能冷静地思考，也很想尽可能客观地把它写下来。并且，我觉得应该把它写下来。那些和我有着同样经历、想把自己的人生奉献给治疗教育事业的同事，还有以格茨为代表的充满未知智慧的孩子，我要做他们的代言人……

8. 格茨 · K

有一天晨会上，突然听到后方传来一声咆哮，然后听到有人摔倒在地的声音。周围人群一阵骚动，尽管这样晨会还是照常进行，人群中的骚动也很快就平静下来。晨会结束后，其他孩子都去上课，只见英格里德和马尔克斯两人抱着半昏迷的格茨，温和地在他耳边说着什么。

那是我第一次见到格茨癫痫发作，对我来说是个很大的打击。据说，在英格里德和马尔克斯的不懈努力下，格茨自从进入机构以来，发病的次数已经锐减。

周日的下午，如果天气不好不能出去散步，英格里德就会让格茨画画。用蘸满水彩的毛笔，把颜色饱满地涂在画纸上。格茨画得很细致。

癫痫患儿的画大都线条明朗。就像刚才图18的D那样，把自己的心理状态原封不动地表现出来，画出轮廓分明、几乎没有余白的画[1]。然而，水彩画很容易出现

1　相反，歇斯底里症患儿的画，线条纤细，就像图18的C那种感觉。

与之相反的状况，尤其是蘸满水快要流下来的那种，非常适合格茨的治疗。画画时最重要的是，注意防止他把自己封闭在一个壳里。

还有一点需要注意，如果身边没有人在适当的时候阻止他，他会一直用力涂色，直到把整张纸都涂得乌黑。英格里德一直注视着他，在色彩搭配最和谐的时候叫停："好了，格茨，画完了！这样非常好，画得太棒了！"

格茨看起来心情也不错。如果继续画下去的话，随着画纸逐渐变黑，他的脸色也会越来越黯淡。色彩搭配最和谐的时候，也就是他的内心和外表取得平衡的最佳状态的时候。

经过长期的日积月累，上述这种看似很难把握的事情，不知不觉间使格茨有了很大变化。我加入"森林之家"的生活中，恰好是在这个时期。

一天夜里，我难以入眠，起身下地。然而，我似乎不再是我。那是从未有过的奇妙体验。

我无比清晰地感觉到我变成了格茨，并无任何先入之见的影响。因为当时对我来说，格茨并非特别的存在，或者可以说，我觉得自己对“重度障碍”的他无能为力，从内心里把他彻底交给英格里德他们了。

格茨的灵魄完全进入我的身体里来。要说为什么知道那是格茨……我只能说，那感觉就像放进嘴里的盐不是糖、冰不是水一样明晰。

我，不，应该说是格茨极为痛苦。的确，在那之前，我认为自己能想象出残障儿童的痛苦，曾经用“手铐”“脚镣”来比喻他们身体上的残障，现在，我终于切身体会到戴着“镣铐”的真实感受。这些“镣铐”不仅戴在了手上脚上，而且还戴在了全身每一个细胞上。不，更确切地说，身体里的每一个细胞都成为“镣铐”，对我百般折磨。任我怎样抖搂也无法甩掉那几亿几万个微小又难缠的“镣铐”。这痛苦远远超过世上的一切痛苦，因为，它就是“存在于世”的痛苦本身。

一瞬间，我不禁怀疑难道是我的“心理状态”出现了异常？因为“我是格茨”这种意识过于清晰，我的疑虑很快烟消云散。

这时，我才真正明白了身负残障的“痛苦”，明白了时刻压在他们身上的真正“难以承受之苦”。

“救我，川手老师，救救我……”

从睡床上痛苦万分的我的口中，发出格茨的喊声。

泪水不断涌出。

…………

过了一会儿，我像昏厥过去一样陷入沉睡。

…………

第二天晚上，安顿孩子们睡下后，我对英格里德、马尔克斯、皮特尔说了这件事。担心他们不相信，我非常慎重，小心翼翼地选择恰当的表达方式。

他们不愧是身经百战的治疗教育者，不仅没有一丝惊讶，反而一边深深地点头，一边认真听着我诉说。

我讲完了，片刻的沉默之后，英格里德开口了。

“TAKA，我觉得通过这件事，你作为治疗教育者，接受了一次真正的洗礼。这是每一个在神前许诺要献身于这项事业的人都经历过的事情。所以这件事不仅不用担心，反而值得庆贺。格茨从见到你的那一刻起，就对你产生了很强的信任感，这一点我也知道。能有一个倾诉自己痛苦的对象，对他来说是多么可喜可贺啊。而且，能真正理解他的痛苦，对你来说也是无比幸福的吧。”

出乎意料的回答令我有些不知所措，但她的话深深印在了我的心里。英格里德接着又说：“如果下次再发生这样的事，身体感觉不舒服的话，不管多晚一定要叫醒我们，别客气。”

“谢谢，谢谢！今后也请各位多多指教。”

我发自内心地感谢他们，敬佩他们。我是日本人，在这个机构很是罕见，孩子们也喜欢我，短期内已经在好几个孩子的治疗中取得一定成效……这些微不足道的傲慢和自信瞬间灰飞烟灭。我终于得以接受“洗礼”，从今开始走上“治疗教育者”之路。

现在我依然能记起当时对自己说的话：终于要拨开云雾走上真正的山路了……

那天晚上的事，如果作为一种现象来分析的话，该怎么解释呢。

我想起了《源氏物语》中“葵姬”这一回。

如果某种特定的强烈情感在人的心里增长、高涨，并且无法向周围人倾诉，一直积压在心的话——这种状况在癫痫症患儿身上可以很明显地观察到——这种情感就会在夜晚睡梦中流向所想的对象。

御息所[1]就是因为被葵之上[2]夺去心爱之人光源氏，她深深的嫉恨变为“生灵”，附体于葵之上，将她折磨致死。

进入现代以来，人类开始从科学的角度研究这种现象，认为在人的意识深处，存在着能与他人相连的类似于地下管道一样的东西，情感在这些管道中游走。如果是比较亲密的人之间，就表现为第六感、心绪不宁、心有灵犀；如果在更大的社会范围中的话，就表现为集体情感、民族意识。

阿里尔德之家远离现代社会的各种污染，身处这一理想环境，我的感觉的确变得相当敏锐而纯粹。也许正因为如此，我才听到了格莰发自内心的呐喊。

…………

那件事过去几天后的一个下午。

我不知为何，只身坐在空无一人的“森林之家”的

1　即六条御息所，《源氏物语》中的角色，光源氏的情人之一。

2　即葵姬，《源氏物语》中的角色，光源氏的妻子。

食堂里。

要是平时的话，工作日的那个时间段，我绝不可能坐在那里。总之好像是因为上课或一对一课程有什么突发情况而造成的吧。孩子们和工作人员都出去了。“森林之家”寂静无声。

而我恰好身处忙碌和忙碌之间的气阱。

忽然，一个人影走出来向我靠近。

（会是谁呢，是哪个孩子，这个时间还留在房间？）我正这样想着，人影来到近前，原来是格茨。

像往常一样，他弓着腰，微张着嘴，满脸笑容地向我走来。

我背对着窗坐着，格茨站在窗户和水槽之间的冰箱前。

那时，我没有一丝惊讶，极为自然地对他说：“嗨！格茨，你好吗？”

于是，不可思议的事情发生了。

格茨瞬间变了个样子。

那对我来说，是有生以来第一次亲眼目睹的完美“奇迹”。

格茨先是挺直脊梁，站得笔直，随后表情中平常松弛的部分也消失了。他天生下颌乏力，以前需要一直不断地用手绢擦口水，而现在嘴也闭紧了。

格茨的面庞反映出他高尚的精神世界，显得无比高贵。

我不禁怀疑自己的眼睛，之后怀疑起自己的耳朵来。

“川手老师，感谢您平时对我的照顾，今后也请您多多关照。”

他不再是平时那个话也说不清楚的格茨，而是本真人格的完美体现。

而且他说的是完整而标准的德语。

我僵在了那里，心中充满敬畏之情。站在我面前的，不是普通的人，而是神的身影。是活在人们内心深处，闪烁着神秘宇宙之光的本性。它就存在于我们体内，但平时被隐藏在肉体的外衣之下，难得一见。超人注视着茫然自失的我。过了一会儿，我亲眼看着他的表情和姿态都变回原来的样子，转身向里面的房间蹒跚走去。

经过在瑞士多年的学习历练，我曾一边上台演出，一边投身于残障儿童的治疗教育事业。而今回到日本，虽然刚刚起步，也正致力于国内的特殊教育。

治疗教育者，这一关系着人的身心两方面的神圣职业，我等愚钝之人也能从事，全都仰仗有上述经历。那是我治疗活动的根基。

在这封“来信”中我多次提到，隐藏在人内心深处的“智慧”，即使被肉体的“残障”这一帷幔遮挡，“智慧”的神奇也丝毫没有改变，总有一天它会被唤醒，被激发，冲破“残障”的阻挡，放射出璀璨的光芒。

格茨让我明白了这一点。并且，想要逃离这世界、逃离肉体、逃向生命彼岸的癫痫症孩子，明确地说出“今后也请您多多关照”，表明他已做出决断：即使艰辛痛苦，也要在这世上活下去。这同时也证明上述“思想”在治疗“实践”中的正确性。

格茨展现出他最本真的一面，由此向我们展示了人类存在的根源，它已远远超越了治疗教育这一特殊领域。我们生存于现世，虽然受到物质、肢体的制约，但内在的精神，总有一天会飞离出来，实现、显现它更高层次的状态——自我。因此，有时我们需要保护这心灵，有时应该给予它艺术的熏陶。

也许我曾经是格茨的治疗者，但同时格茨也是我的老师，是我的教育者。从这种意义上来说，我们两人之间实现了相互的“治疗—教育”。

第三章

归乡

孩子的耳朵，能分清强大的声音和愤怒的声音。

——让·保尔《莱瓦那或教育学》

第一节　一九九七年　春

1. 回到我的灵魂故乡

阿里尔德之家的朋友们、孩子们及各位同事：

我计划明年春天重返故地，与各位相见。

这三年来，我在日本夜以继日地努力工作。

在东京这个大城市的正中心，我租了一座小房子，在那里为实现丰富多彩的艺术、教育、治疗而不断努力。人们从日本各地聚集到此，其中有几个需要语言训练的孩子。

现在我迫切地想回到我的灵魂故乡——欧洲，为我心灵的牛奶壶注入精神食粮。十二年的欧洲生活，很多地方都曾赐予我灵感，我想故地重游，并将第一站定为布里斯托尔弗。

希望各位理解并支持我的计划。

一九九六年十二月

川手鹰彦

很快，我收到了回信。

亲爱的川手鹰彦先生：

首先，我不得不向您告知，我们当作领袖来尊敬、爱戴的多萝西娅·K女士和弗丽达·L女士已经离世。因为不知道您在日本的准确住址，所以没能及时通知。

两位领导者相继离去，对我们来说影响深远。可以说机构的历史又翻过一页，我们迈入新的发展时期。

具体情况等您三月份来访时再慢慢详谈。

今天暂且表达我们对您到来的热烈欢迎，同时希望届时您能够抽出一晚的时间举行一场朗诵会。

衷心祝您圣诞快乐，新年幸福。

苏珊娜·W（机构新代表）

读完信，好长一段时间，我的心被悲伤和沮丧所占据，因为这两位女士曾给我巨大的精神支持。

特别是K女士，上次我在机构的工作得以顺利进行，全都仰仗她家人般无微不至的关怀。隔开三年的空白期，我该怎样重新开始……我怀着不安和期待开始准备行装。

2. 对话

一九九七年三月，我降落在久违的汉堡机场。以前在机构工作的总工程师E前来迎接。我之所以说“以前”，是因为他已经退休，现在每月只来机构四次，做除他之外无人能做的工作。我又一次感到岁月的流逝。

一路上，E给我讲了机构的许多近况。像他这样保持一定距离看到的孩子们的样子，颇有值得参考之处。

石勒苏益格-荷尔斯泰因美丽的自然风光丝毫没有改变。出发前内心的慌乱经过这美景的洗涤，瞬间消失在北德黄昏的天空里。

等我回过神来，车已经行驶在熟悉的布里斯托尔弗村的路上，很快我们顺利到达机构。我的心里五味杂陈。

在本部楼，和以前一样，已经为我准备好了药草茶和简单的晚饭。和以往不同的是，来迎接我的工作人员当中，代替两位前任领导的是另外两人：新的机构代表苏珊娜·W女士和作为机构专属言语治疗教育者刚刚入职不久的托马斯·F。和W女士以前就认识，和F是初次见面。

由这两位负责此次我在机构的各种活动。

为了避免活动的随机性、一过性，我必须时刻与他们保持高度的意见一致。由此，我的努力才能被机构还原为他们所期待的效果。

第二天一早，我就走进孩子们当中，观察他们的状况，同时与W女士和F进行了几次深入交谈。

I 与机构代表苏珊娜·W女士的交谈

W女士：这次来机构感受如何？

川手：开门见山地说，我觉得与以前相比，自由的氛围增强了，但是从机构整体的活动来看，缺少严格的形成力。

这话说出来，意味着对机构的批评和对他们领导能力的怀疑。她温和的表情没有变化，但眉头一蹙。

W 女士：感谢您能实话实说。其实我们很早就有跟您一样的担心。

川手：既然担心，为什么不去修正？

W女士：您说得简单。要改变如此规模的组织，需要大量的研讨和反复实践。我们正在一步步推进工作。为了实现比以前更富有成果的教育，我们每个人都在竭尽全力。

川手：有没有我能做的？

W女士：当然有。

川手：什么？

W女士：在机构的这几天尽情地做您想做的事。如果孩子们心中能因此萌发新芽，那就是您对机构最大的贡献。为此我会为您铺平道路。如果有什么要求，请不要客气，尽管提。

过去，我只见过 W 女士作为治疗者、教育者的一面，今天我才发现她竟然兼具领袖人物的非凡气度，不禁又惊又喜，同时信赖感也油然而生。那之后，她多次为我的活动保驾护航。

Ⅱ与言语治疗教育者托马斯·F的对话

明确地说，能否跟他愉快合作，是决定这次访德能否取得硕果的关键。因为我俩是属于同一个领域的同行，工作有很多相通之处。但身处同一个赛场，也很有可能会交锋。因此，与他，我需要进行比与 W 女士更深入的交谈。

我们首先就彼此的治疗活动无关痛痒地互通了信息，托马斯·F 是个理论家，对每一个治疗案例，他都就其意义做了细致的分析。

川手：托马斯，你的理论我明白了。不过，你的伟大理论给孩子们带来了什么成效？

托马斯变了脸色。

托马斯：这份工作，整天在意成效的话是做不下去的，这一点你总该知道吧。

（我当然知道，就是因为知道所以我才故意这样说的。我一边在心里为自己的挑衅行为道歉，一边继续更大的挑衅。）

川手：但是，没有成效的话，把孩子托付给我们的家长不能答应吧。

这次，不仅是脸色，他的语调也变得激动起来。

托马斯：那你究竟取得了什么成效？

川手：当然！正因为我取得了成效，才能仅凭个人的一腔热血，不接受社会上的一切援助，在日本坚持着治疗活动。我没有可以寄身、依靠的组织，也没有任何物理的力量。我所有的只是业绩！

我把在日本收治的几个孩子的情况、他们父母的情况，包括其中的问题都一并讲给他听。听了我的话，他好像从内心理解了我——知道我虽然说话难听，但对工作认真负责。

托马斯：听了你的话，对你的工作有了很清晰的了解。我也如实地说一说我的情况吧。

终于，托马斯将他负责的孩子们的真实情况，包括进展不顺利的部分，毫无保留地讲给我听。虽然方式未免过激，但因为这次时间有限，我只能冒着被对方误解的危险，将对话径直引向核心。我为自己的无礼向他道歉。

托马斯：你并没有丝毫的无礼。只是说话太直接，让我有点吃惊。好，我们来决定一下今后的分工。

通过这次交谈，我认识到：托马斯虽然性格冷静沉着，但同时也有将想法付诸行动的十足的勇气。这次交谈很成功，由此，我们两人之间密切的联络成为可能，后来处理教室里的突发事件时，他成为我的坚强后盾。

Ⅲ关于谈话这一生命活动的可贵

如前文所述，谈话、交谈，有时会起到举足轻重的作用。当然，一些社交辞令和试探对方心思的言辞未必有意义，但是，当人与人正面交锋、直截了当地用真挚的语言交谈时，会催生出创造性的时刻和智慧。

关于谈话的重要性和伟大意义，歌德已在他充满迷幻色彩的《童话》（一般称为《绿蛇与美丽的百合花的童话》）中有过精彩描写：

黄金之王：什么东西比黄金更具光辉？

绿蛇：光。

黄金之王：什么东西比光更具活力？

绿蛇：谈话。

我时常想起这段话，激励自己去创造“黄金般的谈话”“光一般的谈话”“比黄金比光更了不起的谈话”。

尤其是处于当今时代，越来越多的人躲进自己筑起的城墙里，因此，架在护城河上通往“心灵城堡”的“语言之桥”显得格外重要。20世纪中期起自闭症儿童的出现，也许是为这个闭塞时代敲响的警钟。与这些孩子交往，需要我们不含一丝虚假的最本真的善良和细心，需要万分谨慎和忍耐。而对其他孩子，或是对成年人，有时又不得不使用像击破壁垒的炮弹般的语言。那样做伴随着危险。不经意的话语会伤害对方，良好的人际关系也可能遭到破坏。尽管如此，我们只能通过看似鲁莽的方式来谋求形势的好转。……如此这般，我们必须根据不同的时间、对象，随时调整自己的行为方式。有时需要慎重，有时需要大胆。唉，我们生在了何等纷繁复杂的时代！

来到欧洲之后，一次次的经历使我越发切身感受到谈话的重要。卓有成效的谈话曾多次帮我摆脱了危机。其中与这个机构各个层面的每一次谈话和语言交流，对生活、对人生、对生命的意义颇为深远。

迄今为止，我曾多次赞美这个机构的优秀和伟大。并且认为没有任何言过其实之处。即使在如此美丽的自然、美丽的心灵之乡，现代病也正悄悄袭来。所谓现代病，就像前文用“城墙”这一比喻表达的那样，伴随着个体发展，人与人之间的坦诚相待和交流日益丧失。工作中即使开会，展开的讨论也不解决实际问题，双方只是费尽心机地施展各种谋略。在机构里，因为有孩子们这些具体的对象，我们工作人员必须时刻注意他们的变化，及时做出适当处理，所以比起一般社会，我们的谈话可谓卓有成效。即使这样，偶尔我还是会有一种想要突破城墙的冲动，也曾有过抱着“炸弹”投入讨论的经历。

话说回来，能允许我抱着“炸弹”参加讨论，这或许是件很了不起的事情。对我的话，他们都认真倾听，坦然接受，无论是大人还是孩子。在这个过程中，逐渐培养起人与人之间无可替代的珍贵情谊，并且这情谊是永恒的。我与孩子们、同事们之间的情谊是永恒的。现在虽然相隔两地，无法相见，但以前与汉斯·尤尔根、格茨之间结成的情谊是永恒的。还有，与现在仍保持联系的英格里德、皮特尔的情谊是永恒的。还有，这次刚刚被我突破城墙的W女士、F先生，以及后面要提到的尤莉亚、马提亚斯，与他们的情谊是永恒的。我突破了他们的城墙，他们用温暖的怀抱将我包围，为我的治疗活动提供精神鼓励和食粮。在阿里尔德之家这个既现实又充满梦幻色彩的场所，我体验到人与人之间的坦诚相待，我的人格也因此得以完善。

3. 我所深爱的孩子们

短短的几年里，我曾经进行一对一治疗的孩子，几乎都已毕业离开了机构。汉斯·尤尔根、奥利弗、安德烈亚斯已经不在这里。格茨回了家，乔吉斯转去其他机构。见不到自己深爱的人，无论理由如何都令人心痛。但是“森林之家”以外的小组里，还有几个以前我认识的孩子。他们都长大得我快认不出了，可是都还记得我。下面是我和深爱的孩子们重逢的场面。

I 斯韦恩 · R

投接木棒练习时打碎我眼镜的那个孩子。

这次来到机构，第一天参加晨会时，我感觉自己身旁有一个彪形大汉。侧脸一看，是别人的腰。向上看去，远远地看到了一张脸。目光一接触立刻就躲开的毛病，是斯韦恩一直不变的特征，不过他的块头可真大啊，能有两米多。“斯韦恩还在！”我的心里一阵欣喜。

我去斯韦恩所属的小组找他。

他的身体虽然长大，可还是以前那个斯韦恩。只是，过去的任性几乎看不到，长成了一个善良温和的大小伙子。

我跟他们一起吃着午饭，小组负责人尤塔 · F女士对斯韦恩进行“回忆疗法”。

尤塔:“斯韦恩，你还记得川手老师给你上课的事吧。”

斯韦恩:“是，记得。”

尤塔:“那时候，发生过什么特别的事情，对吧？”

斯韦恩："是，发生了特别的事情。"

尤塔："是什么事，你说说。"

斯韦恩："我在练习投接木棒的时候，把川手老师的眼镜打碎了。"

尤塔："川手老师当时什么反应？"

斯韦恩："他很生气。"

我接过他们的话题。

川手："可是从那以后，你就会投了。"

斯韦恩："是，我就会投了。"

…………

把过去发生的重大事件适时进行回顾，对他这样的孩子（不，是大小伙子）意义非凡。对我来说也一样。通过回顾自己学习成长的经历，激励现在的自己。当然，那时的悲剧，现在看起来是令人怀念的美好回忆。说起当时的斯韦恩，我们谈笑风生。

II 卡塔莉娜・M

以前那个小小的可爱的唐氏综合征女孩，现在也成了大姐姐，经常照顾组里的弟弟妹妹。而且她很喜欢干院子里的活儿。斯韦恩和卡塔莉娜已经是最高年级，学校在他们的课程中加入形式多样的实习内容，为他们将来离开机构后的生活做准备。修剪校园里的花草树木，照顾庄稼菜地，这些工作，卡塔莉娜都很拿手。

我在房间里面对着书桌，忽然看到两个人从我窗前经过。推着装满土和工具的手推车，两人穿过庭院。卡塔莉娜不断地说着什么，斯韦恩频频点头。

看着他们的身影，我很欣慰，但也无法彻底安心。他们的将来究竟会是什么样子？能发挥在这里的所学吗？周围的大人们为此都忧心忡忡。他们已经在这里生活了十年，可以说是机构土生土长的孩子，在这里受到了无微不至的关爱。但是，即使德国社会福利制度完善，也并非到哪都能得到同样的关爱。长大成人，势必会经历社会的大风大浪，但这与关爱的深浅无关。我心怀忐忑，关注着斯韦恩和卡塔莉娜的未来。

□后记

大约一年后，斯韦恩去了新明斯特市郊区的农场，卡塔莉娜去了位于阿里尔德之家东南两公里处的荣德哈根（Rondeshagen）的生活共同体。两个都是深受好评的机构，但仍然无法与阿里尔德之家的细致入微相比，他们好像有些茫然失措。我衷心希望他们能早日适应新生活，早日建立起良好的人际关系。

4. 新的相遇

见不到以前熟悉的孩子们的确很伤感，作为补偿，也有结识新朋友的喜悦。并且，因为一些不经意的小事，彼此的心灵碰撞出了真诚的火花。

I 尤利娅 · M

有一天早上上课时，我让孩子们把练习朗诵的诗歌抄写下来。班主任没在，教室里只有我和孩子们。我跟大部分孩子都是第一次见面，所以没有什么成见。我在教室里来回走着，逐一看看孩子们写的情况，发现有个女孩在那里扭扭捏捏没动笔，是刚才自我介绍时结结巴巴地说自己叫"尤利娅"的女孩。

"你怎么了？尤利娅。"

“我……不会写。”

旁边的女孩们异口同声地说：“川手老师，尤利娅不太会写字。”

我立刻接着说：“不可能，你肯定会写，来，试试看。”

虽然写得慢，我稍微一帮忙，她就能写下去。

旁边的孩子们都大吃一惊。

班主任回来了，也惊诧万分。

因为，在大家的印象中，尤利娅不会写字，丝毫不用质疑。(可参见后续的“记录(AKTE[1])”部分。)

仅凭过去的结果来判断一个人的能力，这种做法非常危险。极端地说，就好像看到刚出生的婴儿不会说话，就不容分说地断定“这孩子一辈子都不会说话”。人的学习能力像波浪一样有起有伏，有集中有扩散，并且是不断进步的。其变化发展情况，有时反而是初次见面的人才能准确地把握。我认为，尤利娅在很早以前就具备了写字的能力。对她即将诞生的“智慧”，我只是

1　AKTE，德语里指档案、卷宗。

起到了“助产”的作用。

当天下午，我立即与尤利娅所属小组的负责人和研修生取得联系，跟他们商定尤利娅进行写字练习的时间。

尤利娅一副紧张的表情在那等我。

我选了一首我认为最合适的歌德的短诗作为尤利娅的练习素材。

然后，我给负责照顾尤利娅的K女士提供了详细的建议。如练习时的态度、桌子的摆放、坐姿、纸张的使用方法等等，这些都是为了最大限度地发挥她的能力，防止因一些无关紧要的理由妨碍她。

练习需要毅力，需要长期不懈的坚持。尤利娅和K女士的协同作战会有怎样的收获？我期待着一年后的战果。

为了方便读者参考，我从尤利娅的情况记录(AKTE)中，选择了一部分不会对她产生不良影响的内容附在此处。(不包含那些公布后会引起读者对尤利娅明显偏见的内容。)

尤利娅 · M，15岁

早期脑障碍。

1岁起可见身体功能障碍。

学习能力发展稍显滞后，但不影响日常生活。

专注力和语言能力发展滞后。

不能进行书写[1]、阅读、计算。

II 马提亚斯和他的帮派

在前文中，我与 W 女士谈起对机构的第一印象时，曾指出缺乏严格的形成力。我们对孩子进行的有形无形的教育、指导，会成为他们的行为依据、行动指南。所谓形成力，就是指对孩子健康身心的形成产生重大影响的教育、陶冶的方式和态度。礼貌待人，说话得体，措辞准确，恰当的言行举止，这些并不是放任自流就能自然生成的，而是要靠父母、教师等周围成年人施以教育之力才得以形成。

1　下划线为作者标记——译者注。

马提亚斯·H，17岁

·1980年出生。

婴幼儿时期情况不明（可见早期堕落的痕迹）。

·1985年 到5岁为止辗转于多个社会福利机构，之后被一个家庭收养。

在学校不听老师的话，经常跟同学打架。

在家里非社会性明显，有盗癖。

难以理解事物之间的关系。

·1993年，13岁，进入阿里尔德之家。

有良好的学习专业技术的能力。

在学校上课时经常说话。

在小组里，跟其他孩子难以保持适当的关系。或是过于亲近，或是完全拒绝。可以看出他很想家。有时利用其他孩子的缺陷，但有时也帮助别人。有时可见挑衅行为。

·收治后的变化。

对机构内的生活尚未适应时，对其他孩子的挑衅行为严重，甚至曾用刀进行威胁。

曾经从小组中逃走（但未离开机构）。

不冷静，注意力涣散，见异思迁。

收治一年后，以上诸问题开始逐渐减少，情况趋于稳定。

→在家里与养父母的关系也有所改善。能保持小组里的生活规律。与他人的关系变得良好。攻击性逐渐消失。

以上节选自“马提亚斯的生活记录（AKTE）”。

这种“形成力”的缺乏，在几个问题少年的行为中，明显地表现出来。

机构有规律的生活和艺术感浓厚的课程体系，看起来好像给马提亚斯的心灵带来几分宁静与和谐。随着青春期的到来，他心中的野兽从沉睡中苏醒，露出獠牙，发出一声声咆哮。

极端的歇斯底里症和幻想癖。

攻击性、拒绝、无主见、暴力。

我来到机构时，马提亚斯的问题已经到了令人束手无策的程度。并且，他对周围的年轻人有很强的影响力和领导力，甚至开始在机构里拉帮结派。工作人员对这一危险状况的处置方法，有各种意见，难以统一，对事态的恶化措手不及。

以前也有过问题少年，但是，通过在小组内的生活，他们的行为和心理问题的大部分都得到了修正，万一出现殃及周围人的状况，工作人员在两位前任领导的带领下，也都齐心协力解决了问题。但是现在，这一点难以实现。

原因之一是前文所述机构指导力的薄弱和集团

合议制这一制度的缺陷。更根本的原因在于，家庭和社会的急剧变化，近几年在德国也同样发生，但包括阿里尔德之家在内的教育，没能追上日益严峻的现实。这一点，酷似人类研制的疫苗没能追上传播疾病的病毒的进化这一现代医疗状况。

既然对症治疗已经行不通，那么可以考虑的就是顺势疗法（homeopathy[1]）了，即“以毒攻毒”，问题是由谁来当这个“毒”。成为“毒”，同时意味着此人“生命的终结”。“生命的终结”在这里是指作为教育者、治疗者的职业生命的终结。

在阿里尔德之家当时的状况下，我这个来自异国他乡的治疗者的任务，就像是为激发大地生命力的陨石中的铁[2]的作用。现在回想起来，虽然事先

---

1 德语为 Homöopathie，也称类似疗法。将有毒性的物质，经过某些处理用为药物，使其发挥治疗作用。例如，将某种毒性植物的根燃烧为灰烬，在灰烬中加入特定的活性水，混合后稀释至十倍、一百倍、一千倍……达到某种浓度时就会显现出药效。因其效力柔和无毒副作用，现在在欧洲被广泛应用。

2 陨石中主要成分为铁质的称为陨铁（Meteoreisen），将陨铁应用于顺势疗法，对血液作用明显，能极大地增强抵抗力、机体恢复力，激发治愈意识。

并没有任何商议，但我访德的时间刚刚好，再早几周或晚几周都不行。

关于马提亚斯和他的帮派，我一到机构立刻就听说了，但我觉得不能操之过急，我需要等待短暂停留期内恐怕只有一次的机会。

当时，马提亚斯的班主任休病假，由前文提到过的言语治疗教育者托马斯·F 老师代理班主任。他建议我到教室听课，并请求我分担一部分授课任务。机会来了。我答应了，我在尽量消除对孩子们的先入为主的成见之后，进入了课堂。

那天，从早上起，马提亚斯和亚历山大就异常激动，还没上课已是一触即发的状态。

首先，在“晨曲”前职员会议的时候，走廊里传来尖锐的叫声，开会用的教室门被撞开，像火球一样的东西闯了进来。两眼冒火，面红耳赤，浑身上下像冒热气一样散发着生命能量。“火球”喊了几声，随后甩掉老师们企图阻止的手臂，又冲了出去。

托马斯对我使眼色，告诉我，那就是马提亚斯。

“晨曲”结束后（马提亚斯他们没来参加），孩子们都去往各自的教室。

瞅准了开始上课的时间，两个少年跑进教室。他们的出现使得其他男孩立刻兴奋起来。

托马斯依然从容应对。

男孩们的兴奋稍微平静了一点，托马斯开始上课。先是朗诵诗歌。男孩们有的不情愿地读着，有的丝毫不予理会。

在托马斯的介绍下，我走上了讲台，男孩们开始嘲笑并起哄。

我做了自我介绍，向孩子们提问，给他们出题，让他们记笔记。

我把孩子们一个个叫起来提问，他们都勉勉强强还算能回答上来。

就在此时，一个被叫起来的孩子对我说了一句侮辱性的俚语。我想，这也许是千载难逢的机会。

说时迟那时快，我的动作如此迅速，少年们都惊呆了。教室里发出东西碰撞的声音，桌椅倒了好几个。骂我的那个男孩哭了。

数十秒后，在一片静寂中，我重新开始上课。

只不过，这时由谁来掌握主动权，已经是不言自明。少年们眼中闪出一丝惊讶和畏惧。

我讲了月亮的话题。

我把“月”字的演变过程一边画在黑板上一边讲解，并让孩子们抄写下来。然后我叫马提亚斯和亚历山大到前面来，让他们往黑板上又写了一遍。我对孩子们说“月亮”的存在就是光的反射，和反映真理的人类的心灵很相似。

那天下午放学后，马提亚斯和亚历山大飞奔到我所在的“森林之家”。

英格里德大吃一惊，急忙迎了出去。

马提亚斯和亚历山大问:“川手老师在吗？”

刚好我来到玄关。

“怎么了，你们俩？”

“请您改变行程，在这儿多停留一段时间。”

“我也非常希望能留在这儿，但是还有很多其他地方的工作。”

“但是我们需要严厉的老师。请您教我们吧。”

“严厉的不只是我一个人。你们只不过觉得我

图19　汉字的演变过程

稀罕而已。”

“以后，您还会再来吗？”

“当然，我也很想再见到你们。说定了！你们可要好好的。下次我来的时候可不能再发生像今天早晨那样的事情了。”

另一方面，对此次事件，机构做出了极为迅速的应对。托马斯向上级汇报后，法人代表 W 女士立即召集小组负责人和所有教师开会，向大家传达事情的真相，以防止我的行为被误传到学生们和他们家长耳中。抢在他将事情添油加醋误传给父母之前，给我动手教训的那个孩子家里寄信，说明事情的经过。并且，托马斯、W 女士和我深入交谈了一次，预测所有可能出现的后果，制定对策。还有，细致周密地做成各种报告书，提交给各管辖机构。教师触及孩子的身体，做出违反孩子意愿的事情，无论理由如何，在这个国家的法律中是被严格禁止的。

机构为了保护我作为治疗者的职业生命在竭尽全力。特别是托马斯，全面支持我当时的判断和行为，并且努力防止其他职员对我产生丝毫怀疑。我感谢他们的友情，更让我高兴的是，因为这件事，短短的时间内整个机构团结了起来。还有，马提亚斯他们也终于体会到了一点老师们的良苦用心。

第二节　在日本

一九九七年四月，我回到日本，重新为堆积如山的课题忙得不可开交。

就像是要威胁每天只忙于工作的我似的，五月，神户一个中学生引发了悲惨的连环杀人事件。之后，年关临近的十二月十六日，正在看电视的许多孩子不约而同地昏倒被送进医院。

还有，进入一九九八年后，像是决了堤的洪水一般，日本列岛接连发生青少年杀人伤人事件，把我们的内心一步步推向绝望的深渊。

就在这个时候，我收到了一封出乎意料的德国来信。

打开信封，尤利娅那刚劲有力、洋溢着生命活力的字跃然纸上。

“以前不会写字的尤利娅竟然给我写信了？”

那一瞬间我不敢相信这是真的，但很快我就被巨大的喜悦所包围。

在前一节中我提到过，尤利娅曾被认为“不会写字”。但是，现在，昔日在她体内昏昏欲睡的智慧，就像是从地平线上冉冉升起的一轮朝阳，开始放射出耀眼的光芒。

亲爱的川手老师：

听说三月份您要来阿里尔德之家。

到那时，请您来我们组，看看我的写字练习。

那样，您就能看到我已经学到了多少东西。

这些都多亏了老师您对我的帮助。

非常感谢。

您的尤利娅

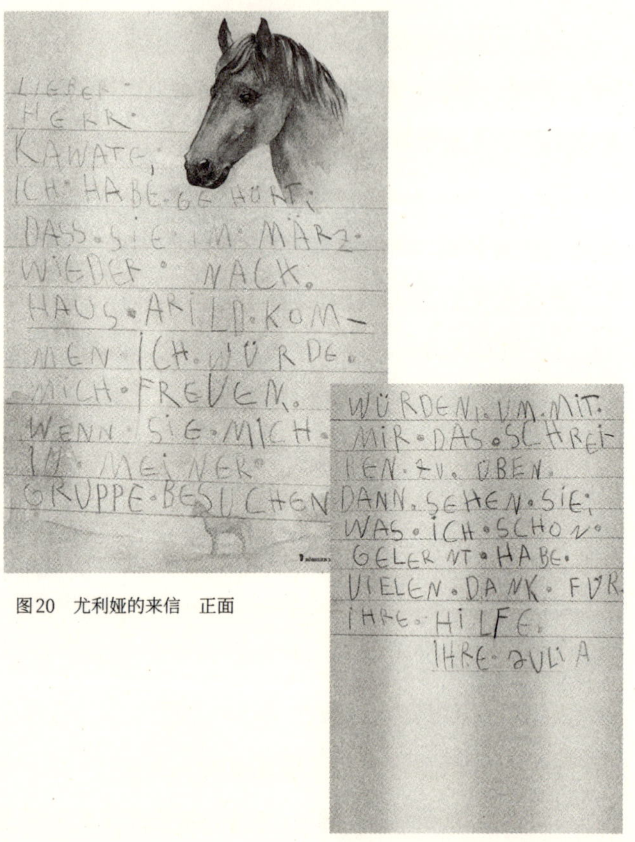

LIEBER
HERR
KAWATE,
ICH HABE GEHÖRT,
DASS SIE IM MÄRZ
WIEDER NACH
HAUS ARILD KOM-
MEN ICH WÜRDE
MICH FREUEN,
WENN SIE MICH
IN MEINER
GRUPPE BESUCHEN

图20　尤利娅的来信　正面

WÜRDEN, UM MIT
MIR DAS SCHREI-
BEN ZU ÜBEN.
DANN SEHEN SIE,
WAS ICH SCHON
GELERNT HABE.
VIELEN DANK FÜR
IHRE HILFE.
IHRE JULIA

图21　尤利娅的来信　反面

一同寄来的还有K女士（尤利娅的负责老师）的信。

敬爱的川手老师：

我们一直在定期练习写字。下次，您三月份来的时候，请看看尤利娅的练习册。我代尤利娅向您表达感谢。现在书写对尤利娅来说非常重要，她经常主动向我要求增加练习。

正如您所说，书写能带给尤利娅无比的喜悦。

祝您身体健康。

丽贝卡 · K

尤利娅，她付出了如我所期待的努力，不，是超出我所期待的努力，并收获了累累硕果。

像对尤利娅一样，我们应该做的事情并非复杂或遥不可及。首先，问题在于是否觉察到了应该去做它。可以说，这是治疗教育者的首要责任。其次，是把觉察到的事情付诸行动，这也是看起来简单其实很难做到的事情。再次，是治疗教育的核心——坚持不懈的努力和忍耐。

（1）觉察

（2）行动

（3）坚持

（1）（2）是我做的，（3）则是尤利娅和K女士的功劳。这十个月里，她们按照我的指示坚持练习，现在都能写出这么感人的信了。

在人的行为当中，没有什么能比这更具光辉。通过这件事，我们这些所谓的健全人也能学到很多东西。它让我们认识到，平时看似理所当然的事情——学习语言，写字，阅读，说话，其实是多么了不起，其中包含着多少人类努力的结晶。

总之，这封信带给我无穷的勇气。

我在日本的活动，与在德国、瑞士时不同，尚未得到一般社会、区域社会的认可和支持，我所采取的治疗方法几乎可以说是前所未有、闻所未闻。关于我的治疗方法、教育方法的详细理论背景和在日本的实践，我想

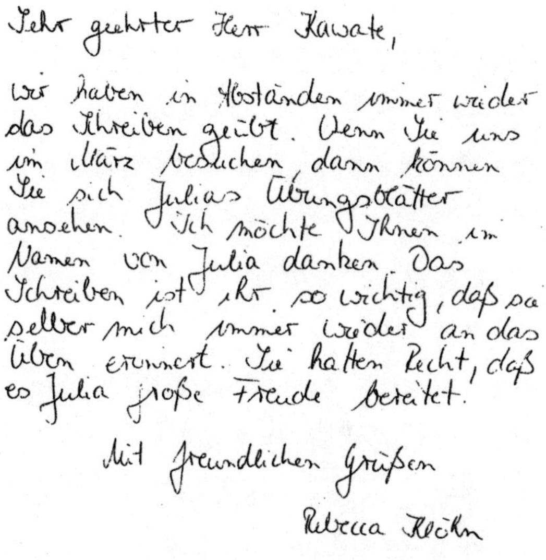

Sehr geehrter Herr Kawate,

wir haben in Abständen immer wieder das Schreiben geübt. Wenn Sie uns im März besuchen, dann können Sie sich Julias Übungsblätter ansehen. Ich möchte Ihnen im Namen von Julia danken. Das Schreiben ist ihr so wichtig, daß sie selber mich immer wieder an das Üben erinnert. Sie hatten Recht, daß es Julia große Freude bereitet.

Mit freundlichen Grüßen

Rebecca Kröhn

图22　K女士的来信

将来再另写作文稿进行汇报。

当然，不出名也有不出名的优点。能把孩子托付给我的，都是对我非常信任的家长。因为人数少，能做到无微不至。

但是，与阿里尔德之家那优美的自然环境、完善的设施和强大的阵容相比，我无法掩饰自己深深的孤独。况且如此严峻的社会环境，越发让我感到自己势单力薄。

对于孤军奋战的我和协助我的几名工作人员来说，德国的来信仿佛从天而降的甘露。

用这甘露滋润着喉咙，我又重整旗鼓，去面对日本的孩子们。我相信播下的种子总会发芽；对社会来说，无论多么微不足道，我们投下的一颗石子，终会激起千层波浪。在第一场南风和春雪以及报纸上一个个惊悚案件交错的初春，我把翻译成德语的宫泽贤治的诗和童话塞进旅行包，向欧洲出发。

第三节　旅中断想　Aphorismus

短暂的相遇，有时比多年的相知更让人感觉是命运的安排。我和机构的孩子们相遇的刹那，心中燃起共同的火焰。凭借这火光，我们在暗夜里摸索前行。

相遇的一瞬间，他们将所欲所求向我倾诉。不是用脱口而出的话语，也并非比比画画的手势。我从他们眼中读懂了那些话语，从他们的呼吸、行走中看懂了那些手势。

他们当中有的人，为了说出一句话，需要像我们攀登险峰般去努力。还有的人为了走出笔直的一步，需要像我们行走千里般去拼搏。换言之，如果能朗诵一首诗，那他们就会拥有撼动高山的力量；如果能合着韵律前进，汹涌的大海也会分成两半，中间现出一条坦途。

★

看着脚下的漫漫长路，遥想远在地平线那边的目的地，这距离让人意志消沉，精神萎靡。鼓舞退缩的心灵，迈出奋起的一步，是治疗者义不容辞的责任。

★

到达目的地也许需要十年的岁月。而要想十年后到达，必须今日出发。

★

我读着德语诗歌，他们跟着反复。我纠正他们发音的错误，教他们发出正确的辅音。我理解他们的痛苦，因为我来自异国他乡，我也曾为学习语言痛苦，且现在也继续着痛苦。

★

与不同文化背景的人相遇，有时催生好的认知。一种是，看到对方身上有自己欠缺的长处，因此油然而生的惊叹和敬意；另一种是，通过发现双方的共同点，触及人类普遍的本质。

唐氏综合征患儿和机构的其他孩子，唤醒我内心深处的怀念之情。这种怀念，是对人类历史中远古记忆的憧憬。那记忆来自遥远的过去，那时人与人之间不存在任何差异。

强弱、贫富、人种、民族、语言……所有差异成为阻挡我们行动的高墙。终有一天，这筑起的高墙将崩裂倒塌。

在对方身上发现自己所缺少的特质时，敬畏之心油然而生。这敬畏将穿越高墙，使之分崩离析。

自闭症患儿的“超能力”引发我无法比拟的“敬畏”。在这一瞬间，他们的心门向我敞开。我走进他们心里。但是，若这“敬畏”是特意而为，心门不会敞开；当你不自然地意识到这“敬畏”，心门也会立刻关闭。

对孩子们说的话语必须美好，又必须真实。“真实”是难以接受的，有时甚至过于严厉，刺耳难听。但是，

如果这“严厉”“刺耳”的背后，隐藏着“真实”的光与火，那份热定会传到孩子们的内心深处。这种“热”，我们称之为“爱”。

言语疗法并不是枯燥无味的发声训练，而是通过运用美妙的语言来培养孩子们纯真的感情。当心灵感受到美的时候，就会生出对高贵情感的敬畏和憧憬。为此，我耕种他们的心田。我是“耕种灵魂的农夫”。

撒下苹果的种子时，农夫会说“快长成更漂亮的种子”吗？不，农夫一定是希望“快长成大树，结出甜美的果实”！我对孩子们进行治疗时，想的并不是明天会怎样，而是十年、十五年后他们的样子。

很多教育拼命想改变种子的颜色。种子暴怒：“我怎么能变成那种颜色！”

在孩子的成长过程中，暴力是冲动的表现形式之一。其他许多犯罪行为、反社会行为亦然。我并不想肯

定暴力和犯罪行为，但是我肯定他们的存在。他们在探求表现的场所。他们在寻找自我改变的场所。他们在寻找自我。

当我面对他们时，我忘记了一切。一切日常，一切现实，一切利害得失，一切计划，一切结果……他们和我站在苍茫的旷野。我与他们斗争，我将他们抱紧。

第四节　一九九八年　春

1. 鬼火——不良行为之一

啊，美丽的心灵
未知的智慧之灯
在多节的圆木中苦苦挣扎的你
我怎样才能伸手触及

还有河面上跳跃的那一团团
不知去向何方的鬼火
我知道你们的本来面目
知道你们的源头和初生时的模样
我将你们抱紧在怀里

你们却从我的臂弯逃离

…………

今年的波罗的海沿岸地区像是还没进入冬天，既没积雪也没下霜，湖面只结了一层薄薄的冰。虽是暖冬，但强风肆虐，树枝在狂风中猛烈地摇摆，鸟儿们发出刺耳的尖叫声，飞向远方。

我又回到了阿里尔德之家。有一件心事萦绕在脑际——不知“马提亚斯和他的帮派”后来怎么样了。

由于对家庭环境不适宜，这些孩子的行为表现恶劣，因此被社会贴上“不良少年”“少年犯”的标签。如本章第一节中所述，他们本心向善，却瞬间做出坏事。就像可爱的小狗在狭窄的房间里表达喜悦时，摇摆的尾巴将桌上，架上的物品打碎。

大人们过度的顾虑和表面的善意只会助长他们嚣张的气焰，不彻底的严格反而使他们更加顽固。

最有效的是源于真爱的鞭笞，其实这也正是他们所期待的。只不过，如前文所述，手碰到孩子身体的一刹那，他们和他们的父母就有了报警的权利。并且这一事

图23在“森林之家”写作本书稿

实成为师生间交易的砝码，明明可以不做的交易，我们却不容分说被牵扯进去。

说实话，这次我真的铁了心。虽说我是来自东方的“异己”，但如果万一再有什么过激行为，这次真要“断送性命”了。经过十二个多小时的空中之旅，我已下定决心，甘愿接受命运的一切安排。

但是，一下飞机，刚才的万千思绪顷刻间被北德的狂风吹得无影无踪。失去了两位伟大领导者，我曾怀疑阿里尔德的能力，现在，虽然没有以前的天才性创造力和牵引力，但大家的智慧拧成一股绳，阿里尔德之家逐渐发挥出新的特长。

在北德，彪形大汉比比皆是，而比约恩在其中堪称巨汉，他力大无比，像住在山洞里的巨怪，经常吓唬年纪小的孩子们，令他们惊恐万分。亚历山大完全失去了自控能力，宛如一匹脱缰的野马。马提亚斯的行为随着情绪变化无常，恰似一团“鬼火”，随风飘荡在机构内外。

这个机构的制度担负着教育他们的责任，事实上，要想控制他们超乎寻常的意志力，已经到了极限，显得有些力不从心。所谓“制度”，是指由小组活动和学校这两大支柱构成的生活。迎来第十七次生日的三只狼，与比羊还要温顺可爱的其他孩子在同一个屋檐下生活，这中间产生了很多矛盾与不合理之处。尽管如此，如果对他们的爱无比强烈，想在这个理想的环境中，把他们当作小羊来管教的话，必须要有与他们针锋相对的勇气，有跟他们一样，不，比他们更强的意志力，豁出生命去做，才有可能成功。扮演这个“怪人”角色的，在现阶段可以说非我莫属，即使还有其他人，在德国的社会制度下，已经引发了重大问题，早就主动辞去了工作，或是被解雇。

机构绞尽脑汁思考的，并不是如何压制他们的意志力，而是怎样引导他们积极地发挥出来。经过深思熟虑，我们对上述三人的未来做出了三种不同的决断。

前文中曾提到，阿里尔德之家每年送孩子们参加“帆船航海[1]”，现在比约恩正式进入帆船机构，船只养护将成为他的日常工作。比约恩曾经体验过机构课程体系中的“帆船航海”，对他来说，新的生活虽然艰苦，却正是他梦寐以求的。

亚历山大在父母的要求下，转入以经营农业为主的其他机构。

而中心人物马提亚斯则留在阿里尔德之家，参与机构的特色项目——面包工坊的创建和试营业。这个项目充分利用姐妹机构三宝·荷夫农场[2]每周仅用一次的工坊，由三人组成。负责人是机构的工作人员——持

1　参见第一章第三节2“帆船航行”。

2　参见第一章补遗2。

有面点师资格证的 G，还有马提亚斯和一个机构里土生土长、性格温和的同龄少年克拉斯。

试用期大约两个月，然后尝试其他项目，逐渐开拓他们的未来。

不将马提亚斯转到其他机构，而是独创性的在阿里尔德之家开展新项目，这一举措有着划时代的意义。通过这个事实，“可以接收各种症状的孩子”—— 机构的这一声誉得以保全，同时也做到了名副其实。

图24　马提亚斯和克拉斯拿出看家本领烤制的德国面包，味道好极了。

当然，我的担心并未百分之百消失。马提亚斯内心那头粗暴的野兽，不知何时又会发出咆哮，露出獠牙。

我在心里默默祈祷。

2. 教育缺失环境下的少年——不良行为之二

再次梳理一下造成青少年不良行为的原因。

青少年的不良行为出现于10岁前后，通称“渡过卢比孔河[1]”的时期，在青春期表现得最为明显，其中大部分起因于胎儿期到幼儿期阶段父母的生活方式。我们通过机构的调查明确了这一因果关系。这虽然不是必要条件但却是充分条件。也就是说，父母不合伦理的生活，虽然未必一定造成孩子的不良行为，但不良少年的父母或其中一方，一定对其负有不可推卸的责任。

目光短浅的功利性胎教孕育精致的利己主义者；妊娠期吸毒、酗酒造成孩子道德观念的缺失；父母违背社

1 公元前49年，尤利乌斯·恺撒为与庞培将军作战，违反元老院令带领军队渡过卢比孔河。当时的名句是“骰子已掷出”，寓意“破釜沉舟，没有退路”。在欧洲，“渡过卢比孔河”常用来比喻逐渐脱离母亲等家人的保护，开始对事物做出独自判断的时期。

会伦理的行为将对社会，对世界的不信任感根植于孩子的心灵。这些将本应用在思考、感情上的能量不加判断地全部转向了意志。用大脑思考，用心灵感受，在这一过程中，无论是谁都兼具美与丑的两面，通常，人们通过自我意识加以控制、选择，只有认为适当的部分才会由意志转化为行动。然而，有上述背景的孩子，大多不能做出正确的判断与选择，因此常常因为一些微不足道的小事或一时的情绪而冲动行事[1]。

近几年在教育一线频频发生的暴力事件，我认为可以用上述观点来解释。暴力的根源并非在于眼前的亲子、师生关系，而是有必要追溯到更久远的过去，进行考察和分析。

德语中，表达“不良行为”这一意义的词语是“verwahrlost……疏于注意的[2]”，我认为这个词很准确地表达出了事情的本质。“疏于注意的”并不是孩子

1　参见第二章第二节1“汉斯·尤尔根·M”。

2　除此之外，verwahrlost一词还有“被放任不管的”“（被放任不管的结果）荒废了的”“疏于维护的”等含义，由此引申为“不良”“走入歧途”等。另外，verwahrloste Kinder或Verwahrloste有不良少年、流浪儿之意。

们，而是抚养他们的成年人。也就是说，他们被父母疏忽，在教育缺失的环境下长大。

世间竟有如此悲剧。因为周围人的疏忽而造成的后果，却成为“邪恶的印记”烙在他们身上，一生难以除去。固然，其他身体有缺陷的孩子也背负着沉重的负担，但至少，在当今的德国，除了极少数例外，他们几乎得到全社会的保护，有时甚至得到比健全儿童更多的关爱。但是对“不良少年”，比起形成的原因，人们更关注结果。在前面，马提亚斯的记录中曾经写过，进入青春期后复发或加剧的破坏性冲动和行为，因其表现形式极端，必须加以制止。因此，必然产生制止者与被制止者情感上的抵触，或者说，因为制止者从根本上缺乏理解这些少年们的感情基础，所以很容易对他们产生不理解和误解。

他们的“行为”与他们的“内在本质”必须被明确分开。他们的“行为”本身是一种“缺陷”，其反社会性当然必须以某种形式加以制止，但是，必须避免这种“制止=压制”触及他们的核心本质。

在此，有两种方法可以考虑。

第一种方法是前文提到过的，保持思考、感情、意志这三者的平衡。也就是说，培养他们思考的能力、丰富的感情，防止过多的能量转向意志。在学校生活中，让他们体验思考的欢愉，通过艺术、治疗行为，慢慢地培养他们的感情——感知事物的能力。其实，阿里尔德之家的全部生活都是基于这一观点形成的。

这个方法是最理想的，但是，如果“不良行为”的种子早在胎儿期到幼儿期阶段就已经深深扎根，那么，这样的努力往往得不到回报。就像马提亚斯，虽然他的内心曾经一度变得平静，能跟身边的人和睦相处，但是，随着青春期的到来，幼儿时期的倾向再次出现。

既然这样就无暇顾及“平衡”了。

此外，缺乏关爱的压制性方法无论如何也行不通。

那么还剩下一个方法，设法把他们可怕的意志力转移到其他事情上。这就是前文提到过的决断。让他们把旺盛的精力用尽，当一天结束时，因为充分的劳动和疲惫获得充实感，同时又没有饥饿感。这个方法切实而有效。

在此，或许读者会产生下面的疑问。

为什么不在一开始就采取成功率高的第二个方法？那是因为，世间万物，重要的并非只是结果，而是以什么为理想和目标。如果谁只以结果为目标，那么我要对他说：这种“结果重点主义”的社会才正是催生这些孩子的温床。不能从一开始就只注重结果。重要的不是做成功了什么，而是应该做什么。

阿里尔德之家坚持用第一种方法努力到最后，对此，我深表赞同。对机构工作人员的热忱、真诚，马提亚斯他们应该也有所感触。他们心中怀有对机构的感谢，而且将伴随他们一生。只不过，在做出回报之前，他们的身体却不由分说向别的方向用力。这种矛盾使他们痛苦。但这种痛苦并非负能量，而是会成为他们的精神财富。在用第二种方法开始实践性工作的时候，这种痛苦会起到隅石[1]的作用，转化为他们对工作的动力和感恩之心。

我感觉有必要进一步加强隅石的坚固性。正这样想着，一天傍晚，马提亚斯来找我了。

1　隅石（Eckstein）为使建筑物外墙牢固而砌入的石块，转化为“成为人们信仰基础的基督教”之意。

3. 与马提亚斯的对话 —— 不良行为之三

马提亚斯:“川手老师，你能到我这儿来一下吗?”

川手:“当然，随时可以。”

马提亚斯:“那我等着您。”

于是，当天晚上我就去了埃泰恩之家。

马提亚斯和面包工坊的同事克拉斯一起，已经沏好茶等着我了，只是，还没来得及倒进茶杯。

马提亚斯:“我想当面包师。”

川手:“那太好了！你早就有这种想法吗?”

马提亚斯:“以前我想当泥瓦匠，后来我看别人烤面包，觉得这个更有意思，所以就想当面包师。”

写出来显得平淡无奇的话语，其实里面充满了马提亚斯的不安。如果不是，他为什么要特地叫我来，给我讲他对将来的打算呢。但是，他无法客观认识自己内心的不安，只是隐约感觉到被不安束缚住了手脚。我决定，今天先不触及问题的核心，而是尽量营造一种无话不谈的氛围，建立我们之间的信赖感 —— 这一推动事物发展必不可少的前提条件。

我和克拉斯谈话。

川手：“克拉斯，你的头发和眼睛都乌黑乌黑的，有德国以外的其他血统吗？”

克拉斯：“没有，我的父母都是德国人。不过，我长着这样一张脸，再加上我话也说不好，所以别人都以为我是外国人。”

看来，不安和痛苦的不仅是马提亚斯一人。克拉斯这十七年，一路背负着“语言表达能力差”这一缺陷走来。

图25 埃泰恩之家

但是，这个年轻人以他的善良，展示给我们的，不仅不是"缺陷"，他缓慢的语调反而成为他独特的风格，给他的为人平添了几分温暖。对马提亚斯来说，克拉斯是很重要的朋友。从各种意义上说，他们是完美互补的伙伴。

人们常说，金发与黑发，永远是绝配。这似乎不只是发色的原因，更代表了不同的性格特点。主动与被动、兴奋与沉稳、爆发与持久，等等。当然，有的黑发孩子也有很强的攻击性，金发孩子也有性格沉稳的。但是，马提亚斯和克拉斯可谓上述倾向的典型[1]。

克拉斯："川手老师，自打我到您腰这么高的时候起，您就经常到这儿来。来我们班，教我们练习投接木棒[2]。我觉得很开心，也很有收获，谢谢您。能当您的学生，我特别自豪。"

他吃力地说着。这样发自内心、质朴又意味深长的话语，从日本的年轻人那里几乎听不到。我在心里对克拉斯说："马提亚斯就拜托你了！"

1　有观点认为，在白色人种中，存在与头发、眼睛颜色相对应的性格倾向。

2　参见第一章第二节2。

4. 处于边界线上的孩子 —— 不良行为之四

世上有这样三种孩子：一种是通常说的健全儿童，一种是意识不到自身缺陷、行为举止像天使一样的孩子，还有一种处于他们中间、对自己的弱点知道得比谁都清楚的孩子，我们称之为“处于边界线上的孩子”。

马提亚斯和克拉斯也在其中。他们内心的痛苦和纠结就连照顾他们的人也能痛切地感受到。

从马提亚斯那儿回来后的两天里，我一直在思考如何把他们的弱点转化为长处加以利用。

第二天下午四点开始，我在机构礼堂里用德语朗诵了宫泽贤治的童话[1]。

1　笔者为机构的孩子们和工作人员用德、日两国语言表演了宫泽贤治的《庙会之夜》。离开布里斯托尔弗之后，在杜塞尔多夫的日本文化中心惠光之家（日本领事馆后援）、坎普林特福特的诺瓦利斯学院等地，除了这部童话外，还表演了诗集《春与修罗》中的几首诗歌。贤治的语言和思想，即使翻译成德语也没有失去光辉，给听众留下五彩缤纷的印象。笔者的德国友人 —— 演员、文学家、画家、教育者、治疗家等，对贤治的诗情和世界观的普遍性大为惊叹，其中数人后来也与笔者一起演出、从事翻译活动等，努力将贤治的作品介绍到德语文化圈。

平常的这个时间，马提亚斯是在工作的，可这一天，他主动向面包工坊的负责人 G 提议，提前开始工作，这样就能来看我的演出。

听说了这件事，我想，今夜将是与马提亚斯谈心的最佳机会。

演出顺利结束后，我享用了一点同事们为我准备的庆功宴，然后去了埃泰恩之家。

月亮升起来了，给我的肩膀披上一层薄纱。我的心情比刚才登台演出时还要忐忑。为一个年轻人指引人生道路，我真的能做到吗？有点太自以为是了吧。话虽如此，但若要让我只是做个旁观者，我实在无法忍受。此时，如果有人跟我擦肩而过，一定会被我燃烧的目光灼伤。

我登上埃泰恩之家的台阶，在马提亚斯小组的客厅稍等了一会儿。

首先是今天恰好度过16岁生日的马尔森出来迎接我。

“川手老师，今天非常感谢您精彩的演出。”

“马尔森，看起来，你今天的生日过得也很开心啊。”

接下来，才15岁就已经长成魁梧身材的约尔克走了进来。

然后是克拉斯。

最后是马提亚斯。

大家稍微闲聊了一会儿，小组负责人S进来把马尔森带走了，随后约尔克也离开了……

只剩下克拉斯、马提亚斯和我。

前文中我曾说过，这两天来，我一直在思考该如何把他们“处于边界线上”这个弱点转化为长处。

现在，决战的时刻终于到来，我寻找着机会。这时，马提亚斯开口了。

“川手老师，您今天的演出特别精彩！”

“谢谢你，马提亚斯。确实，今天我在舞台上感觉也很放松。这都是因为观众配合得好。或许应该道谢的是我。”

我感觉时机已到，开始进入正题。

“但是，你们要是以为我从一开始就很放松，那就大错特错了。”

马提亚斯和克拉斯都瞪大了眼睛。

“其实，直到幕布被拉开的那一刻，我都紧张得不得了。如果可以，我真想逃走。演出的前一天，我还经常做噩梦，梦见自己站在舞台上，把台词忘得一干二净，一句话也说不出来。而且，有时这样的梦还真的成了现实。我说的话听众听不到。现在想起来都后怕。……尽管这样，我已经演出了几百场，今后也会继续下去。那是因为，重要的不是结果，而是从中能学到什么。对我来说，最关键的是知道自己究竟想做什么，想要表达什么，向人们诉说什么。”

两人默默地听着。

“马提亚斯，我说的这些，你能明白吗？”

“能明白。您上台演出前非常紧张，但总是会加以克服。”

“这只限于舞台吗？马提亚斯。”

“不，人生中的任何事情都一样。”

“你烤面包也是吗？”

“我觉得是。”

“这么说，你也感觉紧张不安了？”

“是，我也很不安。”

这一刻，马提亚斯开始意识到[1]自己内心的“不安”。

马提亚斯接着又说：“其实，即使失败也没关系，只要努力就行，将来总有一天，我会成为出色的面包师。”

我说：“不，不是这样。”

“问题不在于是否出色。我再重复一次，结果并不重要。与有能力却不努力的人相比，能力稍有欠缺但是非常努力的人更值得尊敬。至少对我来说是这样。”

处于边界线上的他们，现在比世界上的任何人都敏感地发挥着意识的作用。边界线不再是认知与否的边界，而是成为细腻的认识器官[2]。

现在的他们，无论什么形而上的问题或修行的奥秘大概都能理解。我仿佛看到他们的“自我”被研磨得闪闪发光。

“所以，马提亚斯、克拉斯，你俩好好听着。当你

1　通过语言化，人们能够客观地认识自己的内心世界。

2　处于这种状态的他们，智慧、心理水平不仅优于所谓的健全儿，有时甚至远远超过一般成年人。

们不能很好地弹奏自己身体这个乐器的时候，也就是说，你们的身体不听自己使唤、随便乱动，或者相反，怎么也不动的时候，你们会因为一种难以名状的不安而战栗。那一刻，请想起我。要知道，就连你们尊敬的人，也总是因为不安而战栗。只不过，他总是克服那不安，努力把事情做好……”

夜深了。我与他们两人紧紧握手，然后离开了温暖明亮的埃泰恩之家。

推开门来到外面，走下几级台阶，寒冷的大地、风和黑暗瞬间将我吞噬。

在回“森林之家”的路上，我的心中涌起一股无奈的悲伤。我讲的大道理，究竟能将他们的痛苦减轻几分？他们那么认真地听我说话，可我却活得如此敷衍。社会即使认可我的技术，也不会认可他们付出的令人难以置信的努力。这是何等不公平的对待！

狂风呼啸，树木发出可怕的吼声。月亮被一个大晕圈包围[1]，透露出模糊的七彩光。明天也将会是雨天。

1　晕（Halo），出现在太阳或月亮周围的七彩光环。仔细观察可以看到双层。往往预示着天气变化，下雨或刮风。

后记

我第一次从北德的教育机构寄给日本的朋友们《布里斯托尔弗来信》[1]，已经是七年前的事情。在此期间，时代和社会的变迁反映在孩子们纯洁美丽的心灵湖面，他们的缺陷和情感状况也发生了变化。我们这些当今的治疗者，已经不能按某个教育指南、治疗读本行事。将多个病例概括成一个症候群，取他们的最小公约数归纳成一种病型模式非常困难。一种病型中混合有其他病型，迷惑着我们的双眼。留在我们面前的只有一条路：叫住每一团“鬼火”，说服他们留在我们的臂弯。

在这里，我不禁自问：企图将存在于他们每个人体内不可替代的个性和智慧归纳在一起，我作为治疗者持

1　第一章第一次面世，刊登于期刊《赫尔墨斯》中，一九九一年三十三号、三十四号，岩波书店。本稿是为本书出版修订过的。

有这种想法是否有些轻率？孩子们体内的确存在“被隐藏的智慧”，但要将其唤醒，首先需要深深的敬畏。因为他们内心那神圣的本性，不屑侧耳于无理之辈的呼声。

在第二章第二节“扬 · 马丁 · S”一项中，我提到自闭症有两个特征，并不是说这些特征作为观察孩子时的“指针”完全无效。但是这个“指针”，只能给身处苍茫大海一叶小舟上的我们一个模糊的方向感。现在我们被要求的是，操纵这叶小舟的技术，能听懂风和波涛声的心灵，还有抛开一切疑虑起航出发的“勇气”。

前几天，有一个漂亮的男孩被妈妈领着来到我这里，说是有“自闭性倾向”。他在房间里跑来跑去，我一次次抓住他，把他抱在怀里。他那美丽深邃的眼睛打动了我的心。

我想起沃尔夫勒姆（第一章第四节的“沃尔夫勒姆 · L”）的眼睛，想起扬 · 马丁的眼睛，他们都有一双清澈美丽的眼睛……

在此，我并非不接受教训，想要宣扬新教义说“自闭症儿童都有一双美丽的眼睛”。只是看到那个孩子的眼睛时，我内心深处关于沃尔夫勒姆和扬·马丁的回忆苏醒了。和他们的相遇，一起上过的课，做过的练习，这些经历都是我最珍贵的宝贝。如果这个日本男孩今后来我这里接受治疗，那么那些“宝贝”会给我“勇气”，让我有勇气再一次翻越曾经翻越过的山峰。仅仅如此而已。那并不是同一座山峰，即使不同，“曾经翻越过”这一事实，也一定会发挥作用。我这样鼓舞自己。

可是，我还是想提出一条所有身体有缺陷的寻求心灵保护的孩子共通的本质。这一本质是超越时代、超越民族的普遍本质。因为这一本质，他们承担着与我们不同的责任。他们的存在，因这一本质而弥足珍贵。

这一本质就是他们内在的“痛苦”。那是无法逃脱的，来自身体和心理两方面的“痛苦”。

关于这种“痛苦”，我曾在第二章第二节的“格茨·K”中，将其比喻成“戴在细胞上的镣铐”。生存于这个世界，这本身就是一种“痛苦”。

我想起原始基督教时代，在地中海沿岸地区兴起的诺斯替派的教义。

我是伟大的生命之灵，
是谁让我住在这俗世。
让我住在这俗世的是谁，
谁把我投进躯体的圆木，
谁向躯体的圆木中将我投进，
这没有手也没有脚的躯体。

——曼达教圣典GINZA左部第二卷第一曲[1]

在曼达教徒[2]看来，人类崇高神圣的灵魂，被关在肉体的圆木里苦苦挣扎。……寻求心灵保护的我们的孩子们，现在也不断忍受着这原始的痛苦。

接着，我又想到了当今的日本。

1 引自曼达教典的德语译本Ginza.Der Schatz oder das Grosse Buch der Mandâer. Göttingen，1925：Mark Lidzbarski 由本书作者川手译为日文，本书译者译为中文。

2 基督教创立初期，在约旦河沿岸兴起的基于固有神话和礼仪的宗教团体。后来，从巴勒斯坦移居至波斯。认为是光的属性 Mandâ（认识）和 dHaijê（命）唤醒了丧失本我的人类并将其救赎。如今其教团共同体仍残存于以底格里斯河、幼发拉底河下游为中心的地区。

……我不知自己为何喜欢杀人。只能说这是我天生的自然本性。只有在杀人的时候我才能从日常的憎恶中得以解脱，得到片刻的安宁。只有用他人的痛苦，才能缓解我的痛苦。

（选自一九九七年六月六日《神户新闻》罪行声明）

震撼整个日本列岛的神户少年的这几句话，如实地表达出“作为残障的不良行为”的本质。他所说的“痛苦”，正是上文中我所说的“戴着镣铐的痛苦”。以马提亚斯为代表的“在教育缺失环境下长大的孩子们”，只是坐在他们身边，就能感受到的那种难以名状的痛苦。为了从这种痛苦中解脱，他们甚至做出可怕的犯罪行为。

“不良行为”“暴力行为”这些表面现象的背后，其实隐藏着“痛苦”。当我们知道了这一点，并亲眼看见这“痛苦”的时候，我们会怎样做？应该怎样做？……看到别人痛苦的样子，难道我们不是首先应该问：“你怎么了？是什么在折磨你？”

这一声“询问”恰恰是一切的开始。没有“询问”，任何治疗都无从谈起。

再次将视线转向欧洲精神史。这一声“询问”正是在圣杯城，骑士帕西法尔[1]向苦于病痛的舅舅渔夫王安佛塔斯提出的问题，是为了获知真相、治愈创伤的“询问”。过去曾因一念之差未能提出的这个“问题”，圆桌第十三位骑士[2]，鼓起“勇气[3]”，向安佛塔斯提了出来。现在的我们也应该有帕西法尔的“勇气”。

——是什么苦折磨着你？

---

1 帕西法尔（Parzival）是德国中世纪最杰出的叙事诗人沃尔夫拉姆·冯·埃申巴赫（Wolfram von Eschenbach，约 1170 — 约1220）创作的同名长篇史诗的主人公，为寻找圣杯和爱，他历经诸多磨难最终成为圣杯王。凯尔特传说“亚瑟王与圣杯骑士”，通过伟大的法国诗人克雷蒂安·德特罗亚等人在整个欧洲广为流传，后经博闻强记的文盲诗人沃尔夫拉姆加工，创作出德国中世纪文学乃至世界文学中最重要的史诗之一的《帕西法尔》。

2 凯尔特起源的传说“圆桌骑士”，歌颂了亚瑟王的睿智以及十二位骑士的美德。一种说法认为帕西法尔不在这十二名骑士中，而是作为第十三名骑士承担“勇气”。

3 帕西法尔向安佛塔斯提出的问题如下：Oheim，was wirret Dir?（舅舅，是什么痛苦折磨着你？）

并且这问题并未就此结束，而是继续展开。

——你的内心在渴望什么？

——你真实的内心是什么？真正的欢愉是什么？

探究对方内心的真实状态，是治疗行为的核心，也是人与人交往的核心。

要想看清对方真实的内心，必须首先改变自己。真实是永恒的，不会随时间而流逝。然而，自己内心既存的价值标准，对物质世界虚幻的憧憬和坚持，却会“随时间而流逝”。如果这些不消除，就无法问出对方心中那“不会随时间而流逝”的永恒。“孩子们被隐藏的智慧”，其实，无非就是我们应该唤醒的自己内心的“智慧”。

……

最后，本书得以出版得到了各界人士的鼎力相助，借此机会表示诚挚的感谢。

感谢中村雄二郎教授。十年前，是他在瑞士的深山里发现了我，为我开拓出将本书介绍到日本国内的道路，不仅如此，他还为本书撰写序文，为我今后在日本开展工作给予极大的激励。

感谢为本书出版殚精竭虑的诚信书房的松山由理子女士。

感谢以各种形式协助我整理书稿、收集资料的“蓝山”的工作人员和志愿者们。

此外，更要向给我如此宝贵经历的布里斯托尔弗村阿里尔德之家的每一个孩子、每一位同事深深地鞠躬致意。

一九九九年一月　于表参道“蓝山”

川手鹰彦

书中引用、介绍过的德语诗歌

康拉德·费迪南德·迈耶（Conrad Ferdinand Meyer，1825—1898）

Zwei Segel　两叶帆　p.25

Das Seelchen　小灵魂　p.28—p.29

Die Füße im Feuer　火中足　p.95—p.101

约翰·沃尔夫冈·冯·歌德（Johann Wolfgang von Goethe，1749—1832）

Selige Sehnsucht　幸福的憧憬　p.31—p.32

Das Märchen　童话　p.174—p.175

路德维希·乌兰德（Ludwig Uhland，1787—1862）

Des Sängers Fluch　歌手的诅咒　p.47—p.48

沃尔夫拉姆·冯·埃申巴赫 (Wolfram von Eschenbach, 约1170—约1220)

Parzival　帕西法尔　p.231

川手鹰彦，1957年出生于日本东京，艺术治疗教育实践者。1989年开始在欧洲从事演员、导演活动，同时，在本书描述的德国北部治疗教育机构——阿里尔德之家等地，参与自闭症、唐氏综合征等孩子的艺术与言语治疗。

1993年回日本，创立艺术与言语治疗研究所“蓝山”。

1996年创办母子教室“木梨树”，开始以残障儿童和健全儿童为对象的教育实践。

1997年开设“夜间学舍”，培养艺术治疗工作者。

2000年开始“教育的有机治疗”项目。

2012年创建“花之家”基金会，无偿为发展失常或有特殊需要的孩子提供帮助。

2014年开始在中国访问，逐步在中国开展“言说（言语造型）、戏剧艺术及治疗教育”的项目，在中国被称为TAKA（塔卡）老师。

图书在版编目（CIP）数据

孩子们被隐藏的智慧 /（日）川手鹰彦著；杨彩虹译. — 北京：北京联合出版公司，2021.2（2021.11 重印）
ISBN 978-7-5596-4762-7

Ⅰ. ①孩… Ⅱ. ①川… ②杨… Ⅲ. ①艺术 - 应用 - 儿童教育 - 特殊教育 - 精神疗法 Ⅳ. ①G76 ②R749.055

中国版本图书馆 CIP 数据核字（2020）第 242871 号

孩子们被隐藏的智慧

作　　者：[日] 川手鹰彦
译　　者：杨彩虹
策　　划：乐府文化
出 品 人：赵红仕
责任编辑：高霁月
特约编辑：春　霞
书籍设计：鲁明静

北京联合出版公司出版
（北京市西城区德外大街 83 号楼 9 层. 100088）
北京联合天畅文化传播公司发行
北京美图印务有限公司印刷
新华书店经销
字数 120 千字　787 毫米 × 1092 毫米　1/32　8 印张
2021 年 2 月第 1 版　2021 年 11 月第 2 次印刷
ISBN 978-7-5596-4762-7
定价：49.80 元